变革
领导力

陈纪稳／著

TRANSFOR
-MING
LEADERSHIP

人民出版社

目　录

序　言

　　领导与变革总是互动的。一方面，任何变革都需要外在的方向和内在的动力，而方向和动力正是构成领导力的两大要素。另一方面，自主意识越来越强的追随者倒逼着领导者更新领导观和领导力，领导体制和领导环境也随之不断变化着。本书抓住了这一本质关系来研究变革领导力，是很有价值的。

　　我们身处在一个加速变革的伟大时代，变革的时代呼唤着新的领导力和领导者。回应这些变化，结合实际对变革领导力进行较为深入的探索，并力求构建一个自己的理论体系，这对于任何研究者而言都是很有难度的。当《变革领导力》书稿放在面前时，我既有不少期许，又有些许担心。但当我用几天时间认真读完这部书稿时，却感到几分放心和惊喜。

　　我之所以感到放心和惊喜，是发现《变革领导力》的创新点体现在以下三个方面：一是初步构建了一个"何从何为何去"的形而上层面的领导力逻辑框架，显示了作者一定的学术功力；二是从领导决策与领导用人两大维度来研究变革领导力的诸多方面，从而构建了一个形而下层面的较为完整的领导力的内容体系；三是注重领导力如何落地如何运用，展现了既有国际视野又有中国特色的领导艺术。

"不识庐山真面目，只缘身在此山中"。研究领导力与领导科学既需要从事实际领导工作的领导者去总结提炼，更需要专门研究领导力的理论工作者跳出来，用更超脱的视野去思考探索。领导干部与研究领导力的学者对领导力的感受往往是不一样的。这是因为前者更重视领导权的运用，后者则更重视领导力的构建。变革时代领导权其实没有领导力重要。领导力只有被接受才是真实存在的。研究领导力的学者往往是站在追随者立场，站在普通群众角度来审视领导力的，这实际上更有利、更客观。

作者在北京大学攻读博士学位时，我是他的博士生导师。他是一个使命感和事业心很强的人，和我一样，特别热爱领导力和领导科学这一专业，并愿意终身献身于这个事业。他的这种精神特别值得嘉许。本书得到不少同行和人民出版社编辑的认可，即将正式出版，亦说明了其学术水平。我作为他的老师，也是这本书的第一个读者，很愿意把《变革领导力》推荐给各级领导干部和从事领导力研究的学者阅读参考。开卷有益，相信大家读过《变革领导力》会有所获益。

是为序。

刘　峰

中共中央党校（国家行政学院）一级教授

中国领导科学研究会常务副会长兼学术委员会主任

2019 年 6 月 18 日于中共中央党校

｜ 前　言 ｜

　　放眼望去，我们正处于一个前所未有的变革时代，在这样的时代变革中，当下虽然只是"浅草才能没马蹄"的初春时节，但已呈现"乱花渐欲迷人眼"的繁盛景象。针对社会进程中偶然的现象和必然的规律之间的关系，马克思主义创始人之一弗里德里希·恩格斯深刻地阐述道："一个伟大的基本思想，即认为世界不是既成事物的集合体，而是过程的集合体，其中各个似乎稳定的事物同它们在我们头脑中的思想映象即概念一样都处在生成和灭亡的不断变化中，在这种变化中，尽管有种种表面的偶然性，尽管有种种暂时的倒退，前进的发展终究会实现。"① 世界是一个持续发展的过程，"青山遮不住，毕竟东流

---

① 《马克思恩格斯选集》第4卷，人民出版社2012年版，第250页。

去"，江水滚滚东流而去，这是重重的青山无法阻挡的，从更深的层次来理解，历史的发展是螺旋式上升、波浪式前进的，它不以人的意志为转移。在此过程中，时代既是催生领导力产生的春风，又是促进领导力发展的沃土，同时，领导力既与变革密切相关，又与价值紧密相连。本书搭建的变革领导力框架是按照总—分—总的顺序，通过抽丝剥茧的三个层次，循序渐进地论述变革领导力的内在逻辑。

首先，第一层次即为第一章"领导力的何从何为何去"。领导活动是一个多元而又多变的系统，在资源高度稀缺的时代，领导者拥有绝对的分配权，领导方式主要是纵向控制，在硬性的资源约束条件和硬性的权力行使方式下，权力的效度得到充分保障。随着社会资源的日益丰富，资源的稀缺性在降低，在领导者仅有资源相对调动权的时代，领导方式从纵向控制到纵横交错影响，权力的限度是在逐步增加的。在此过程中，基于职位的权力具有一定的效度和相应的限度，这是因为权力与领导力在产生基础和运用方式上的核心差异：传统的权力强调纵向的、职位对职位的控制，现代的领导力注重横向的、人对人的影响。其中，领导力的何从是从来龙上把握领导力，领导力的何为是在本质上界定领导力，领导力的何去是从去脉中展望领导力，领导力的发展需求是更迫切的，路径也一定是更开阔的，这需要一个清晰的梳理。

其次，第二层次包括第二、三、四、五章的内容。第二章是"领导目标导向与决策力"，领导实践是由"人"和"事"两方面组成的，人需要完成事，"事"的方面包括决策和执行；事依靠人完成，"人"的方面包括用人和用权。"事"的方面是目标导向与结果导向的结合，领导活动先行要解决"做什么"的目标问题，它需要决策力。第三章是"领导结果导向与执行力"，领导活动最终要解决"怎么做"的结果问题，它需要执行力。第四章是"领导用人与激励艺术"，"人"的方面是人力资源和权力资源的结合，领导活动的关键是人，领导用人是静态和动态的结合，用人务必激励；第五章是"领导用权与权变艺术"，领导资源的集中是权力，领导用权是应变和求变的结合，用权务必权变。无论是领导目标导向与决策力，还是领导结果导向与执行力；无论是领导用人与激励艺术，还是领导用权与权变艺术，这些都是相对具体的方面。领导实践的题中应有之义必有这两个方面，也只有这两个方面，人和事既是一分为二的，又是二合为一的，领导活动是多姿多彩的辩证统一。

"事"既呼应领导活动的目标导向，又呼应领导活动的结果导向，它同时链接领导活动的两大导向，目标导向与结果导向的结合才是完整的领导活动。在历史的长河中，当下既是未来和历史的连接点，也是着力点，领导者既需要决策力，洞察和引领时代的发展；更需要执行力，顺应和满足人民的意愿。

领导活动的决策和执行两个方面是相对而言的，对下决策力、对上执行力，决策时兼顾执行，执行时关注决策，决策和执行是统一的。它们分别对应着领导活动"为什么做"的追根溯源的目标导向和"怎么做好"的归根到底的结果导向。概括地看，领导活动是围绕人和事两个方面展开的，创造新世界务必经由创造新人，最后必须落实到人。

"人"是领导活动的根本和资本，在领导决策与执行这样的"事"的推进过程中，人力和权力是贯穿领导活动全程的两大资源。从领导力的视野看，领导用人是内在自身因素的集中体现，它是领导活动的根本职能，首先是用自己，在客观状态的变化中，保持自己主观心态的平和，其水平是领导成熟的主要标志；领导用权则是外在环境因素的必然要求，这是领导过程的主要手段，权既是资源，又是方法，其高度是领导成熟的客观要求。在领导实践过程中，实事求是的思想路线要求一切从实际出发，具体问题具体分析，关键之处在于，领导用人需要激励艺术，领导用权需要权变艺术。从"人"的方面展开来看，它分别对应着领导活动内在资源的领导用人和外在资源的领导用权。

最后，第三层次即为第六章"领导力提升的方法艺术"。面对广泛而又深刻的变革，挑战无处不在，机遇无时不有，挑战和机遇同这个时代如影随形。权力是由掌控和调配的以人和物为代表的资源状况决定的，在领导职位和成为一个好的领导者之间的差别是很大的，职位提供的只是一个可以开始领导的机会而已，它提供的仅为定义自己的领导风格和领导方式的可能性。变革产生社会普通个人的觉醒和崛起，它带来了表层挑战和深层机遇，在领导力的提升过程中，方法是从纷繁复杂的现象中把握一般性的规律，异中求同；艺术突出体现为这些一般性规律的特殊性运用，同中求异。在领导力提升方法与艺术的指引下，从耐力、魅力和魄力的角度综合运用，实现领导者从优秀到卓越的境界跨越。

第一章

领导力的何从何为何去

:

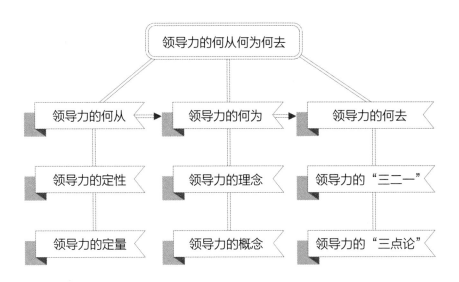

导　言

　　大家很可能已经关注到这样一种现象：无论是家庭中的家长与子女之间，还是工作中的上级与下级之间，他们的关系不再是曾经的完全垂直关系，已经发生了明显的变化。这种变化突出地表现在两个方面：一方面，家长和上级的感觉是，子女和下级"不好管"，通俗地说，就是越来越不听话；另一方面，子女和下级的感觉是，家长和上级"总想管"，"我的地盘我做主"怎么这么难呢？对此变化，我们可以从两个层面进行反思：工具层面，家长和上级靠什么来管？难道仅仅是家长和上级的位置吗？价值层面，家长和上级为什么要管？他们真的可以越管越好吗？一项统计显示，到2020年，20世纪90年代出生的"90后"员工在全世界范围内将要达到就业总人数的50%，占据半壁江山，这是各界领导者务必高度重视的一个崭新情况。

> 我们可以从两个层面进行反思：工具层面，家长和上级靠什么来管？难道仅仅是家长和上级的位置吗？价值层面，家长和上级为什么要管？他们真的可以越管越好吗？

在时代变革的大背景下，基于组织赋予的领导职位的权力既有其效度，在相当的程度上，纵向的命令控制可以完成领导意图，它是实现领导效能必不可少的手段；但是，又有其限度，权力并不具备无所不能的神奇功效，它面临的挑战将越来越大。从久远的传统来看，"权力很管用"，这是因为，权力是以资源的绝对稀缺为基础的，权力是职位对职位的作用，上下级之间主要采用命令、控制等硬性的方式；就新近的当代而言，"领导力才好用"，这是因为，随着社会生产力的高速发展，领导力是以资源的相对充裕为前提的，领导力是人对人的作用，此时，下级对上级期待的方式已经悄然发生了改变，追随者倾向于接纳领导者沟通、协调等软性的方式。总体来说，领导力不是对权力的排斥，而是超越；具体来看，从权力到领导力的转变，不是在"质"的方面的有与无的关系，而是在"量"的方面的多与少的关系。在人际相互作用的过程中，从传统的"权力很管用"到当代的"领导力才好用"的变迁是时代的产物，后者是对前者的继承和创新。

总体来说，领导力不是对权力的排斥，而是超越；具体来看，从权力到领导力的转变，不是在"质"的方面的有与无的关系，而是在"量"的方面的多与少的关系。

在辩证地看待领导力面对的机遇和挑战的基础上，领导者需要用"以身作则"代替传统的"以言作则"；从更长远的角度看，不能只是运用指挥命令的方式达到目的，而是需要营造积极向上的家庭氛围和组织文化，形成长期的、潜在的作用，达到"随风潜入夜，润物细无声"的效果。本章对领导力的探讨是按照"领导力的何从"、"领导力的何为"和"领导力的何去"的逻辑顺序系统阐述的。首先，领导力的"何从"包括领导力的定性和领导力的定量两个角度的结合，从来源上探究领导力；其次，领导力的"何为"包括领导力的理念和领导力的概念两个维度的配合，从内涵上界定领导力；再次，领导力的"何去"包括领导力的"三二一"和领导力的"三点论"两个跨度的契合，从趋势上展望领导力。在组织和个人的发展过程中，既需要从个性中寻求共性，找到蕴含于发展过程中的一般规律；又需要在共性中保持个性，突出发展过程中组织和个人的独特定位。

首先，领导力的"何从"包括领导力的定性和领导力的定量两个角度的结合，从来源上探究领导力；

其次，领导力的"何为"包括领导力的理念和领导力的概念两个维度的配合，从内涵上界定领导力；

再次，领导力的"何去"包括领导力的"三二一"和领导力的"三点论"两个跨度的契合，从趋势上展望领导力。

在"变"与"常"交替变幻的浩浩荡荡的时代大潮中，总揽全局，只有变才是永恒的不变，"常中有变、变中有常"，领导者既要关注"变"，更要探究"常"，因为"常"为贯穿领导实践的规律。唐代诗人刘禹锡在《酬乐天扬州初逢席上见赠》中写道："沉舟侧畔千帆过，病树前头万木春。"翻覆的船只旁仍有千帆竞发，枯萎的树木前也有万木逢春，自然的运行有其自身的规律。如今，世界每时每刻都在发生变化，中国也每时每刻都在发生变化，同样，社会的发展有其内在的逻辑，时代的风云变幻不以任何人的意志为转移。领导者既需要是实干家，又需要是宣讲家，不断挖掘、满足人民群众的现实和潜在需求，将激发个体与凝聚群体结合起来，通过个体不断成长、群体互动发展，形成群英荟萃的局面。在日新月异而又风起云涌的变革时代，领导力发展的基本情境是社会的变革，只有在把握领导力发展规律的基础上，我们才可以持续地锻造超强领导力，成为卓越领导者。

> 领导者既需要是实干家，又需要是宣讲家，不断挖掘、满足人民群众的现实和潜在需求，将激发个体与凝聚群体结合起来，通过个体不断成长、群体互动发展，形成群英荟萃的局面。

第一节　领导力的何从

美国著名的领导力发展实践者约翰·麦斯威尔注意到一个非常普遍的现象：这个世界上到处都是有才华的穷人。这是一种看起来有些既不合情又不合理的现象，由此，他开始思考一个问题：这些有才华的人为什么还是穷人？如何将这些有才华的穷人变成富人？通过自身的传奇经历，他成功地发现了一条"领导力决定一切"的规律，一切的兴衰都源自于领导力，获得成功只需做好三件事情，它们分别是：良好的人际连接，这可以获得借力；坚定的挫折容忍，这需要定力；持续的人才培养，这可以累积能力。在本节"领导力的何从"中，将从两个不同的角度展开：既有从性质探索的"领导力的定性"，也有从数量分析的"领导力的定量"，这部分的追根溯源奠定了领导力系统研究的基础。

> 获得成功只需做好三件事情，它们分别是：良好的人际连接，这可以获得借力；坚定的挫折容忍，这需要定力；持续的人才培养，这可以累积能力。

一、领导力的定性

当我们把目光投向现实的领导过程时，从静态上看，领导是千头万绪的；从动态上看，领导又是千变万化的。不同的人会有不同的体会，可以说，"横看成岭侧成峰，远近高低各不同"。那么，什么才是领导力的题中应有之义呢？通常来看，既需要对领导实践具有解释力，解释领导实践背后的逻辑；又需要对领导实践具有预见性，预见领导实践可能的走向。实践是检验真理的唯一标准，同样的，领导实践是检验领导力的唯一标准，只有经过领导实践检验的领导力才是真实可信的。在领导力的框架体系中，我们可以发现存在着领导力（Leadership）、领导者（Leader）和领导（Lead）三个词，通过深入研究发现，这是三个不但形式上紧密关联，而且内容上也深度相联的概念。

> 在领导力的框架体系中，我们可以发现存在着领导力（Leadership）、领导者（Leader）和领导（Lead）三个词，通过深入研究发现，这是三个不但形式上紧密关联，而且内容上也深度相联的概念。

（一）领导（Lead）

毛泽东在评价汉高祖刘邦的成功之道时说："汉高祖刘邦比西楚霸王项羽强，他得天下一因决策对头，二因用人得当。"[①]用领导学的语言来说，从整体上把握，领导实践包括决策和用人两件大事，决策是做什么，它规定着领导活动的方向和目标；用人主要指谁去贯彻和落实领导决策，实现预期的领导决策的效果。换而言之，决策行为和用人行为是卓越领导不可或缺的两大行为。领导工作核心的两个方面共同阐释着领导（Lead）的深刻内涵：一是出主意决策，决策为了做成事，心中务必有人；二是用干部用人，用人围绕培养人，心中务必有事。领导活动的"人"和"事"两方面是辩证统一的，"人"

---

① 《缅怀毛泽东》上册，中央文献出版社1993年版，第206页。

需要完成"事","事"的完成依靠"人",作为领导活动根本和资本的人务必与事结合,体现核心需求的"事"是满足"人"的多层次需要的载体,任何领导活动都需要一丝不苟做事、一尘不染做人。

> 领导活动的"人"和"事"两方面是辩证统一的,"人"需要完成"事","事"的完成依靠"人",作为领导活动根本和资本的人务必与事结合,体现核心需求的"事"是满足"人"的多层次需要的载体。

中国西汉时期的淮南王刘安在《淮南子·人间训》里记载了"塞翁失马,焉知非福"的故事,靠近边塞有一位精通术数的人,善于预测未来,有一天,他家的马跑到胡人那里去了,大家都来安慰他。他说:"为什么就知道这不是福运呢?"过了几个月,他家的马带领着胡人的骏马回来了,大家都来祝贺他。他说:"为什么就知道这不是祸端呢?"家里有钱又有骏马,他的儿子喜欢骑马,有一次从马上摔下来折断了大腿骨。大家都来慰问他,他说:"为什么就知道这不是福运呢?"过了一年,胡人大举侵入边塞,所有健壮的男子拿起弓箭参战,塞上参战的人,十个死了九个,不死的都是重伤。唯独他的儿子因为腿摔断了的缘故,得以保全性命。这揭示了一条道理:"福可变为祸，祸可变为福，这其中的变化难以捉摸，深不可测。"个人的祸端福运难以把握，领导活动作为众人相互影响的集体行为，其变化多端的发展必为常态。

詹姆斯·M.库泽斯和巴里·Z.波斯纳在《领导力：如何在组织中成就卓越》一书中，在大量现实案例的基础上将卓越领导活动概括为五大行为：以身作则、共启愿景、挑战现状、使众人行、激励人心。当我们更进一步来看时，其中的共启愿景和挑战现状属于决策行为，这是领导活动"事"的方面；相应地，以身作则、使众人行和激励人心属于用人行为，只有当激励人心形成了动力，使众人行才能形成合力，前提是领导者做到以身作则，只有人们自觉地为了共同愿景努力奋斗，他们才能成为真正的追随者，这是领导活动"人"的方面。任何理论提炼都必须落脚于特定的时间与空间，需要结合特定情境的本土化，甚至结合特定个人的本人化，锻造各自独立的领导者类型和领导力提升艺术，这既是势所必然，又是理所当然。

> 任何理论提炼都必须落脚于特定的时间与空间，需要结合特定情境的本土化，甚至结合特定个人的本人化，锻造各自独立的领导者类型和领导力提升艺术，这既是势所必然，又是理所当然。

（二）领导者（Leader）

清代学者郑板桥在《墨竹图题诗》中写道："衙斋卧听萧萧竹，疑是民间疾苦声。些小吾曹州县吏，一枝一叶总关情。"这首诗描写了在一个凄风冷雨的夜晚，作者在县衙书斋中躺着休息，当听见风吹竹叶发出萧萧之声时，立即联想是百姓啼饥号寒的怨声。就想我们这些小小的州县官，老百姓的一举一动都牵动着我们的感情。这不由得让我们想起与之形成鲜明对比的一件事情，在中国历史上的西晋时期，有一年大旱，不少老百姓因为没有粮食吃而饿死，晋惠帝听到这个状况后，竟然说道："百姓无粟米充饥，何不食肉糜？"大意是，老百姓肚子饿没饭吃，为啥不吃肉粥？一国之君，竟不知百姓为何饿死，岂能不亡！作为关键少数的领导干部，修炼的关键是对人民群众充满真挚的感情，心中有民是领导活动的出发点和落脚点，提升领导者的修为必须做到"既有凌云志，更存公仆心"。

> 作为关键少数的领导干部，修炼的关键是对人民群众充满真挚的感情，心中有民是领导活动的出发点和落脚点，提升领导者的修为必须做到"既有凌云志，更存公仆心"。

　　在现代社会更多的常态情境下，在日常的生活与工作中，领导者与人民群众打成一片，其乐融融，看不出特殊之处；只有在较少的非常态的危急时刻，此时"沧海横流，方显英雄本色"，他们务必展现着英雄形象。在我们接触的领导者中，部分领导者平常时期展现所谓的"英雄"形象，严重地脱离了群众；然而在危急时刻，他们平平庸庸，没有能够比普通群众更勇敢、更有担当，带给群众依赖感和安全感。这是完全颠倒的状态，很有必要调整过来，领导者既要有轰轰烈烈的英雄形象，又要有真真切切的平民形象，他们是英雄与平民的辩证统一。在领导过程中，人才的代际更替是个体局限性突围的根本之道，这是因为，当下来说，任何人都是优势与劣势的综合；长远来看，"江山代有才人出，各领风骚数百年"。领导者（Leader）既来自领导（Lead）实践的磨炼，又需要接受更加复杂的领导力（Leadership）的考验。

　　在日常的生活与工作中，领导者与人民群众打成一片，其乐融融，看不出特殊之处；只有在较少的非常态的危急时刻，此时"沧海横流，方显英雄本色"，他们务必展现着英雄形象。

（三）领导力（Leadership）

在现实的领导情境中，领导力是对权力的超越，在职位权力的基础上，领导力可以得到更大的发展，那么，领导力究竟如何发展呢？《史记》中写到"徙木立信"的故事：秦孝公任命了卫鞅为左庶长以后，卫鞅想要实施变法图强的政策，但是，他唯恐天下人不信任自己。在变法的法令已经完备，但还没有公布之时，他恐怕老百姓不信任，于是在国都市场南门立下一根三丈长的木杆，告知老百姓，有能够搬到北门的就赏十镒黄金。老百姓对此感到惊讶，没有人敢去搬木杆。卫鞅就再一次宣布命令说："有能够搬过去的就赏五十镒黄金。"这时，有一个人将木杆搬到了北门，卫鞅立即赏给他五十镒黄金，以表明没有欺诈。在初步建立的信誉的基础上，卫鞅才终于颁布了变法的法令。在领导实践中，针对潜在追随者"我为什么信任你"的问题，领导者必须逐步而又充分地展现自己的信誉，这是开展领导活动的前提。

> 在领导实践中，针对潜在追随者"我为什么信任你"的问题，领导者必须逐步而又充分地展现自己的信誉，这是开展领导活动的前提。

美国学者詹姆斯・M.库泽斯和巴里・Z.波斯纳提出了"信誉是领导力的基石"的论断，其中蕴含的逻辑是，没有信任就没有追随，没有追随就没有领导，进而，没有追随者就没有领导者。从本质上来说，领导者应该是值得信赖的、负责任的公仆，没有领导者何谈领导力，领导力的基石是长期信任过程中积攒的信誉，这适用于不同的民族和国度、不同的文化和性别、不同的组织和层级之中。无论是生活常识还是领导实践，它们都揭示出一条规律，人们只会真心实意地追随可以信任的人，领导力由此得以产生，此时，真正意义上的领导者方才诞生。尤其是在变革时期，为了产生信誉这块领导力的基石，赢得潜在追随者的支持，古今中外的领导者们不拘一格，创新了多姿多彩的方式。

在企业的现实场景，领导活动包括"人"和"事"两个方面同样适用，美国通用电气公司 GE 设计的是 4E 领导力模型，分别是 Energy、Energize、Edge 和 Execute，这 4 个要件既相互交融又先后有别。具体来看，Energy 指激励自我，任何领导者本身要对事业充满激情；Energize 指激励他人，领导者需要把对工作的激情传达给下属，只有组织成员共同拥有真心投入或遵从的群体目标，才能产生群体行动，从而使目标产生激励作用；Edge 指决策力，领导者决策的关键需要沉着冷静地面对内外部变化，在信息不完全的情况下能够果断地行动，迅速有效地做出最正确的决策；Execute 指执行力，领导者将构想变成切实可行的行动计划还要经历阻力、混乱，或者意外的干扰，把决定付诸行动，把目标细化分配给部门，部门再把目标细化分配给员工。其中，前两项的激励自我（Energy）和激励他人（Energize）属于"人"的方面，后两项的决策力（Edge）和执行力（Execute）属于"事"的方面，通过人完成事。

美国通用电气公司 GE 设计的是 4E 领导力模型，分别是 Energy、Energize、Edge 和 Execute，这 4 个要件既相互交融又先后有别。

前两项的激励自我（Energy）和激励他人（Energize）属于"人"的方面，后两项的决策力（Edge）和执行力（Execute）属于"事"的方面，通过人完成事。

综合分析三者之间的关系，正如一位领导力学者所说："领导科学不研究领导干部等于白研究，领导干部不研究领导科学等于瞎领导。"我们可以形象地类比，领导力是外在的"表"，领导者是内在的"里"，领导实践是"根"。实践是理论之源，理论是实践之光，实践发展的逻辑是从领导（Lead）的"根"，到领导者（Leader）的"里"，再到领导力（Leadership）

的"表"的过程；理论研究的逻辑是从领导力（Leadership）到领导者（Leader），再到领导（Lead）的过程。通过前面的分析，我们可以了解，来自领导（Lead）实践磨炼的领导者（Leader），更加需要经受复杂的领导力（Leadership）的考验。从 Leadership 的结构"Leader+ship"可以看出，作为领导者（Leader），依然需要驾驶着（ship）这艘小船在领导实践的汪洋大海中劈波斩浪，乘势前行。从逻辑上看，从领导（Lead）、领导者（Leader）到领导力（Leadership），这是领导力来源的定性探索。

提炼 1　Lead——Leader——Leadership
时势造英雄，英雄顺时势

二、领导力的定量

美国前总统理查德·尼克松说："一个领导人只知道应该做什么是不够的，他还必须知道怎样做应该做的事情——没有能做出正确决定的判断力和领悟力的人成不了好的领导人，因为他缺乏远见；知道应该做什么事却做不到的人也成不了好的领导人，因为他缺乏效能，伟大的领导人需要有办成事情的能力。"领导者不但需要运筹于帷幄之中、决胜于千里之外的远见，而且需要领导活动的结果，达成纷繁复杂的领导实践过程的效能。在长期研究领导实践的基础上，1965 年，麻省理工学院斯隆管理学院提出了一项研究成果，这就是"安东尼结构"，它从总体上对组织层级进行了概括和抽象。从纵向上看，领导者分为高层、中层和基层三层；从横向上看，领导活动包括做事、处世和谋势三 shi，并且具有可量化的百分比关系，揭示了各层领导者素质结构之间存在的显著差异。这种差异体现了领导素质的辩证性，它契合《道德经》"道生一，一生二，二生三，三生万物"的理念，结合中国的文化，我们把它改造成如下的表格。

> 从纵向上看，领导者分为高层、中层和基层三层；从横向上看，领导活动包括做事、处世和谋势三 shi，并且具有可量化的百分比关系。

领导（Lead）

实践层级	做事	处世	谋势
高层	18%	35%	47%
中层	27%	42%	31%
基层	47%	35%	18%

（一）各层领导者的素质结构都需要是复合的

无论是基层领导者、中层领导者，还是高层领导者，都需要有业务技术、人际互动和决策决断的素质，基层领导者的素质结构中，业务技术占到47%，它是由所处的初级领导岗位决定的；人际互动占35%，这是基层领导者建设团队、领导团队的需要；决策决断达18%，这是由团队目标在实现过程中的具体要求决定的。

基层领导者不断钻研业务知识，精通各项业务，懂得各项工作的技巧，遇到事情能身体力行、干在前面，善于吸收和借鉴好的理论思路和成功经验，创造性地应用于自己的工作实际。当基层领导者做得比较成功，发展到中层领导者以后，人际互动处于突出地位，占到42%，这是适应他们沟通上下的不同层级、协调左右的平行部门的需要；此时，在他们的综合素质中业务技术的比重已经大幅度地下降到27%；相应地，他们的决策决断素质逐渐上升到31%，可以说"三分天下有其一"，因为组织的决策是分层决策，中层领导者需要针对组织总目标设置本部门的分目标，决策决断素质的提升是必然的和必须的。

中国有一句俗话："高处不胜寒。"当中层领导者发展到高层领导者以后，这种所谓的"寒"就会凸显出来，在领导者的成长过程中，组织每一层有每一层的风景，每一层又有每一层的风雨，针对组织的外在需求和内在追求，高层肩负的主要责任是决策，引领发展方向。这里需要强调的是，任何一个领导决策都会面临的基本困境是两个"不"，即"当下信息的不完全，未来走向的不确定"。这必然需要也会持续地锻造领导者的魄力，甚至在关键时刻，领导者需要凭借直觉加以决断，以期抓住机遇、赢得发展。

> 在领导者的成长过程中，组织每一层有每一层的风景，每一层又有每一层的风雨。

（二）每层领导者的素质要求又应该是有差别的

在领导实践中，一种被概括为"一流的二号"沦落到"二流的一号"的现象屡见不鲜，它说的是，当组织中一流的二号人物上升到一号位置的时候，他在一号位置上的表现沦落到二流的水准。彼得原理告诉我们，组织中多数人的职位和职级会随着资历与阅历的积累，得到相应的提升，但结果是，对工作从起初的游刃有余状态，最后变得无所适从。为了突破从下一级职位的优秀到升职后上一级职位的平庸的通常困境，跨越"彼得高地"，领导者自身素质的提升迫在眉睫。领导者的素质包括业务技术方面的"做事"、人际互动的"处世"和决策决断的"谋势"，它们既是横向的三个方面，从横向上看，任何领导者都需要具备这三个方面的素质；更是纵向的三个层面，从纵向上看，领导者的"做事"是较为基础的任务，"处世"是更高层面的要求，"世事洞明皆学问，人情练达即文章"，而面对"两个不"的"谋势"是更大程度的挑战。

领导工作往往"面广、线长、点多"，可能出现很多的新问题和新情况，领导者应该知人善任，打破狭隘的岗位限制，根据每个岗位的不同特点，充分发挥每个人的专长优势，尽可能地调动所有人的工作积极性，实现合理分工。"欲穷千里目，更上一层楼。"为了看到无穷无尽的美丽景色，应当登上更高的一层楼，同理，每层领导者的素质要求又应该是有差别的。当领导者所处的层级不同时，其要求是有明显差异的，基层领导者能够"做事"、中层领导者注重"处世"、高层领导者擅长"谋势"，而且三者的难度系数是逐级递增的。

领导者对内团结同志，做到"团结一切可以团结的人"，对外维护好与上级、与其他同级、与外部单位的关系，加强沟通，消除误解，开创"天时、地利、人和"的有利局面。在领导实践过程中，这样的现象是客观存在的——"人数的金字塔型，素质的倒金字塔型"。这意味着在组织内部，不同层级的人员分布是"金字塔型"的，下面很多，上面的人数逐步减少；与此同时，人员的素质是"倒金字塔型"的，下面层级的人的素质要求是相对单一的，上面层级的人的素质要求是更加多元而综合的。针对培养人的谋势来说，这是更高水平和更高层次的谋势，打造一支业务能力强、工作业绩佳、思想境界高的队伍，从根本上要做到人与事的结合。

> 在领导实践过程中，这样的现象是客观存在的——"人数的金字塔型，素质的倒金字塔型"。这意味着在组织内部，不同层级的人员分布是"金字塔型"的，下面很多，上面的人数逐步减少；与此同时，人员的素质是"倒金字塔型"的，下面层级的人的素质要求是相对单一的，上面层级的人的素质要求是更加多元而综合的。

（三）每个领导者的素质优势是相应变化的

对于领导者而言，他们自身的素质各有突出之处，都会包括极其显著的强项和难以避免的弱项，当他们处于不同的领导层级时，这些强项和弱项的影响会有根本的差异。比如，当习惯于关注细节的人处于基层领导者岗位时，这是优势，有助于把事情做得完美；当他成为中层领导者时，此时，他需要更多地关注上级和下级、左边职能部门和右边业务部门等之间的互动，尤其要注重必要的、关键的环节；当发展到组织的高层时，此时高层领导者需要洞察组织所在行业甚至产业的趋势，明了事关全局的大节，适时地决策决断，此时，领导者过于关注细节可能导致因小失大，形成"具体清晰、总体模糊"的困局。

从应然的角度看，领导者需要在业务技术上适合"做事"，在人际互动上擅长"处世"，在决策决断上能够"谋势"。但是，在领导实践中，业务技术好的人不一定有领导力，最具潜能的领导者往往不是在基层时业绩最好的人，还有的人提拔后表现非常好，但是，提拔前表现不是最好。一定阶段以后，一个领导者的优势容易保持、劣势难以弥补，这需要在团队成员内部优势互补，所以说，领导是个共同的事业，需要所有成员携手并进、共同进步、共创辉煌。领导学研究成果认为：领导者的软权力是无边界、有延展性的；然而，硬权力是有边界、无延展性的。对于职位不高的人，其硬权力是相对较小的，但是他可以通过创造业绩甚至创造奇迹来赢得追随者的认同，进而产生较高的领导绩效，赢得组织的认同，当职位上获得提升以后，他的硬权力又相应地扩大了。

在不同行业之间，领导力的特殊性所占比重不大，它们之间的普遍性占据着主导方面，都是通过聚人来达到成事的领导目的。当今的企业家时常跨界，领导干部强调跨领域、多岗位的历练，但是，这种特殊性更重要，更能体现不同领域领导的特点，领导力的普遍性是主要的，领导力的特殊性是重要的。根据结果和时效因素的差异，它主要存在两种方式：纵向的命令控制和横向的服务影响。其中，注重纵向的命令控制的突出表现为军事领导，奉行"军令如山"的理念，强调对领导决策的坚决执行。企业领导注重横向的服务影响，企业通过产品和服务创造社会价值，它们更需要在领导过程中体现出来；学校领导强调服务广大的学生、教师为其创造研究和学习环境，使得他们可以潜心创造和创新出引领时代、服务社会的知识财富。

> 当今的企业家时常跨界，领导干部强调跨领域、多岗位的历练，但是，这种特殊性更重要，更能体现不同领域领导的特点，领导力的普遍性是主要的，领导力的特殊性是重要的。

俗话说："隔行如隔山。"在领导实践中，却突出地表现出"隔行不隔理"。随着通信和交通技术的发展，不同行业之间的"理"更容易相通。绝大多数组织会随着时代的浪潮消失，但是新的组织会不断涌现，绝大多数的领导者需要把自己的资金和资源投入到年轻人身上去，通过帮助他人的成功来完成自己的成功，这恐怕是一个不得已的选择，也是一个相对明智的选择。2009年，吉姆·柯林斯在《从优秀到卓越》中提出"优秀是卓越的大敌"，优秀是基本的前提，同时，优秀也是领导者迈向卓越过程中的必经阶段，"没有优秀，谈何卓越"。在通往卓越的过程中，优秀存在着成为卓越的"阶梯"或者"阻碍"的两种可能性，这取决于处于优秀领导者位置的人，是否善于相应调整和自我超越，由超越而卓越。

> **提炼 2　领导实践 = 做事 + 处世 + 谋势**

第二节　领导力的何为

随着社会的日益开放，领导者个人因素发挥作用的空间越来越大，在立足领导现实的基础上，"领导力的何为"从两个角度展开：既有"道"的层面的领导力的理念，着重回答为什么会产生领导力的问题，这种理念变革是领导力产生的基础；又有"术"的层面的领导力的概念，着重回答领导力具体是怎么样的问题，这种概念阐释是领导力发展的抓手。领导力的理念是从必要性的人人都要领导力、可能性的人人可有领导力和现实性的人人需提领导力的结合上探讨的；领导力的概念将领导力看作内在的统一体，它是由方向敢"领"、方略善"导"

与方法有"力"构成的既相对独立、又相互支撑的体系。

一、领导力的理念

当今时代，我们可以有个简洁的概括："世界变平了，权力变软了。"其中，"世界变平了"描述的是我们所处的环境，组织和个人之间的关系从原来更多使用的纵向控制变为现在更为注重的横向影响；"权力变软了"，世界需要被温柔以待，组织和个人之间的行为方式，正在逐步地柔性化，在此过程中形成"随风潜入夜，润物细无声"的效果。当我们把这种理念引申到领导力领域时，领导力是个人因素和职位因素的共存和互补，越来越来自个人因素产生的影响力，这种理念包括三个层面：必要性的人人都要领导力、可能性的人人可有领导力、现实性的人人需提领导力。

> "世界变平了，权力变软了。"其中，"世界变平了"描述的是我们所处的环境，组织和个人之间的关系从原来更多使用的纵向控制变为现在更为注重的横向影响；"权力变软了"，世界需要被温柔以待，组织和个人之间的行为方式，正在逐步地柔性化。

（一）人人都要领导力

从必要性上，人人都要领导力，这是形势所迫的必要性。领导者不再等同于权力的拥有者，唐朝诗人刘禹锡在《乌衣巷》中写道："旧时王谢堂前燕，飞入寻常百姓家。"过去的燕子停留在王导、谢安等豪华宅第人家，而如今却已飞到了普通百姓家中，昔日辉煌与显赫早已不复存在。从权力来说，它是少数人专属的"旧时王谢堂前燕"，在当下已经不再是高不可攀的；从领导力来说，它已经成为现代领导者的必需品，并为更多人拥有。

> 从权力来说，它是少数人专属的"旧时王谢堂前燕"，在当下已经不再是高不可攀的；
>
> 从领导力来说，它已经成为现代领导者的必需品，并为更多人拥有。

一方面，领导实践焕发出千变万化。当今时代，每个人都是社会活动的主体，我们的需求日益多元化和多变化，从曾经的以衣食住行为代表的物质需求为主，到当下的物质与精神需求并重，逐步向精神需求为主转变。正如诗人流沙河在《理想》这首诗中所写的："饥寒的年代里，理想是温饱；温饱的年代里，理想是文明。离乱的年代里，理想是安定；安定的年代里，理想是繁荣。"人民群众需要的产生和满足是一个持续的过程，不仅人民群众对物质文化生活提出了更高要求，而且人民群众对美好生活的需要日益广泛、不断提高。我国社会的主要矛盾已经转化为："人民日益增长的美好生活需要和不平衡不充分的发展之间的矛盾。"人民需要的满足表现为两个方面：既有绝对的量的充分与否，更有相对的量的平衡与否，并且呈现出"如春起之苗，不见其增，日有所长"的趋势。面对人民需求满足的不平衡不充分的困境，这需要正视存在问题的现状，而不是回避问题的存在；分析导致问题的原因，而不是仅仅局限于现象的罗列；找到解决问题的根本对策，而不是采取有头无尾的被动举措。

另一方面，领导理论呈现出丰富多彩。《尚书·五子之歌》中说道："民惟邦本，本固邦宁。"新时代，在高科技的引领下，社会进步是谁也阻挡不了的必然趋势，领导活动既需要每个人的参与，又满足每个人的需要。对他们而言，既有个体之间持续地渐变，差异性日益明显；又有群体内部不断地突变，依赖性与日俱增。在此背景下，这个时代既尊重差异、又欣赏多元，透过千变万化的领导实践现象，洞察背后蕴含的领导实践规律。

（二）人人可有领导力

从可能性上，人人可有领导力，这是形势所赐的可能性。

唐朝诗人罗隐在哀悼三国名相诸葛亮的《筹笔驿》的诗中写道："时来天地皆同力，运去英雄不自由。"随着个体素质的大幅提高和群体交往的日益频繁，领导者的范围在大幅度地拓展，直至包括"你我他"在内的每一个社会成员，领导力不再是少数人的专利，而成为多数人的福利，当今时代每个人都有史无前例的发展空间，是我们"天地同力"的时代。

> 　　随着个体素质的大幅提高和群体交往的日益频繁，领导者的范围在大幅度地拓展，直至包括"你我他"在内的每一个社会成员，领导力不再是少数人的专利，而成为多数人的福利，当今时代每个人都有史无前例的发展空间，是我们"天地同力"的时代。

　　随着社会生活的飞速发展，越来越多普通人的信息渠道不断拓展、观察视野持续开阔、综合素质大幅提升，领导力的主体局限于少部分人的时代已经一去不复返了。领导者经历了从最初的个人英雄主义，到懂得逐步与追随者互动，再到为追随者创设情境，最后是共享领导，这体现了领导者从前台控制逐渐退到幕后服务的过程。在网络时代的自媒体环境下，更多的普通人有机会走出各自狭小的圈子，人人都是信息的生产者和发布者，不但可以表达自己的想法，而且拥有各自的传播路径。人与人之间的连接方式改变了，通过信息的交互相互启发与激发，这种表达也会产生现实的影响力，让每个人的影响力都在加大。他们迈向更为广阔的天空，展现更为充分的价值，汇成更高速度的能量场，当然，网络环境的充分发展对我们每个人的挑战也是不言而喻的。

中国有一句俗话说道："人往高处走，水往低处流。"这是一个方面的认识，同时，从另一个方面来看，"高处不胜寒，低处纳百川"。领导变革需要领导力，就其本质而言，领导力实质上是影响力，既着力已经产生影响力的人，又着眼正在产生影响力的人。"隔行如隔山"的俗语突出了不同行业之间的差异，各行各业均有其个性，跨越行业是非常困难的；与此同时，从更高层次上说，"隔行不隔理"，从"理"上来说，不同行业的内在规律之间又有很大的共性，领导力在不同行业之间"小异而又大同"，是内在相通的。为了让自我谋生的职业变成自我实现的事业，成为"名至"而又"实归"的领导者，当代领导者需要既有"于无声处听惊雷"的挑战敏感性，又有"于无色处见繁花"的机遇敏锐性。

> "隔行如隔山"的俗语突出了不同行业之间的差异，各行各业均有其个性，跨越行业是非常困难的；与此同时，从更高层次上说，"隔行不隔理"，从"理"

上来说，不同行业的内在规律之间又有很大的共性，领导力在不同行业之间"小异而又大同"，是内在相通的。

（三）人人需提领导力

从现实性上，人人需提领导力，这是实践提出的现实性。这是人才辈出的时代，"一花独放不是春，万紫千红春满园"。从单个的个体来看，领导力得到了大幅度的提升，这是可喜可贺的方面；但是，从社会的整体来看，每个人的领导力又是相对不足的，存在着巨大的提升空间，这是适应社会发展的需要。在社会生活中，当大量的专业人才走向职业生涯，出现了"学而优则仕，学而优则商，学而优更学"的局面，他们的职业发展路径值得深刻关注。"优秀专业人才，是否就是优秀领导者？可否成为卓越领导者？如何成为卓越领导者？"这个主题可以分为三个环节。

在社会生活中，当大量的专业人才走向职业生涯，出现了"学而优则仕，学而优则商，学而优更学"的局面，他们的职业发展路径值得深刻关注。

首先，优秀专业人才是否就是优秀领导者？从领导者成长的一般路径看，领导者是从优秀专业人才中选拔出来的，优秀专业人才可以成为领导者。优秀专业人才之所以能够"专"，是因为他们持之以恒地"钻"，钻研自己的业务领域并且取得了显著的绩效。领导者是基于"专"基础上的"博"，两者的素质结构是有明显差异的，这很好地解释了专业人才初为领导者时的普遍不适应现象。每个领导者可以针对自己的状况，在业务技术、人际互动和决策决断方面有针对性地拓展，提升作为领导者的综合素质。

其次，优秀领导者可否成为卓越领导者？优秀领导者当然需要持续成长，成为卓越领导者，实现从优秀（Good）到卓越（Great）的跨越。面对现实，领导者需要训练辩证思维，这是因为在绝对的"黑"与"白"之间，存在着大量的灰色区域，为此，华为的任正非提炼出灰度管理的概念，这更加符合领导实践的现实状况。在领导者的持续成长历程中，领导者既在追随着内心，又会凝聚着人心，从追求团队的成就感、荣誉感，到履行时代的责任感、使命感。在领导力的构成中，硬权力来自于领导者所在组织的培养，软权力来源于领导者个人的修养，领导者的成长是组织培养和自身修养的结合。

> ### 提炼3 为何需要领导力：人人都要领导力＋人人可有领导力＋人人需提领导力

最后，优秀领导者如何成为卓越领导者？一位领导干部的体会给我留下了深刻的印象，他说：领导者的权力仅仅为五分钟的事，就是当组织正式宣布领导职位时的五分钟。深入来看，权力意味着组织的信任和培养，留给领导者个人的就是责任和担当。推而广之，领导生涯包括若干个五分钟，每两个五分钟之间的时间段都是领导者主动作为的场域，同时，领导生涯也是由这些五分钟链接而成的。领导者面临的最大挑战是领导自己，人们会去做他眼睛看得到的事情，此时最能够激励人心的内容需要非常视觉化的呈现，让潜在的追随者能够看见领导者在做什么。这要求领导者能够以"身"作则，这是超越以"言"作则的，即领导者要严格要求，或者以"心"作则，领导者的善意出发点，说到做到了，这样的领导者才会有追随者，才能真正有效领导。

> 领导者的权力仅仅为五分钟的事，就是当组织正式宣布领导职位时的五分钟。深入来看，权力意味着组织的信任和培养，留给领导者个人的就是责任和担

当。推而广之，领导生涯包括若干个五分钟，每两个
五分钟之间的时间段都是领导者主动作为的场域，同
时，领导生涯也是由这些五分钟链接而成的。

二、领导力的概念

在领导力中，"领"、"导"与"力"三者既相互独立，又
递进发展，领导力是方向敢"领"、方略善"导"和方法有"力"
的综合。"一阴一阳之谓道"。这种高度辩证的思想在现实世界
中的体现是，任何事物都有不可偏废的两个方面，并且这两个
方面又是相反相成的。领导力可以分别从人与事、虚与实两个
相反相成的角度展开：在方向敢"领"中，既有侧重人、相对
虚一点的方向的宗旨统领，又有侧重事、相对实一点的方向的
思想引领；在方略善"导"中，既有侧重人、相对虚一点的方
略的全员教导，又有侧重事、相对实一点的方略的目标引导；
在方法有"力"中，既有侧重人、相对虚一点的方法的战略定
力，又有侧重事、相对实一点的方法的战术活力。

在方向敢"领"中，既有侧重人、相对虚一点的
方向的宗旨统领，又有侧重事、相对实一点的方向的
思想引领；

在方略善"导"中，既有侧重人、相对虚一点的方略的全员教导，又有侧重事、相对实一点的方略的目标引导；

在方法有"力"中，既有侧重人、相对虚一点的方法的战略定力，又有侧重事、相对实一点的方法的战术活力。

（一）方向敢"领"的领导力

许慎在《说文解字》中提出："领，项也。"从领导实践的维度看，"领"在领导力中占据着主导地位，它解决的是"到哪里去"的方向问题，方向当然包括东南西北等物理上的方向，诸如，一江春水向东流的东方、解放战争时期干部南下的南方、西天取经的西方、北上抗日的北方，等等，进而言之，它务必拓展到激情满怀或者苦闷压抑等心理上的方向。无论在公共组织还是在企业组织中，领导者的地位和作用是不同于一般的组织成员的，他们不但需要适应变化的环境，而且应该走在前面，率领其他成员迈向既定的组织目标。方向针对的是为什么，他们既需要通过令人向往的愿景、令人振奋的许诺，点燃激情、传递梦想，这是方向的宗旨统领；又应该通过凝聚群众的智慧、整合稀缺的资源，集中精力、实现目标，这是方向的思想引领。

　　"领"在领导力中占据着主导地位，它解决的是"到哪里去"的方向问题，方向当然包括东南西北等物理上的方向，诸如，一江春水向东流的东方、解放战争时期干部南下的南方、西天取经的西方、北上抗日的北方，等等，进而言之，它务必拓展到激情满怀或者苦闷压抑等心理上的方向。

　　其一，方向敢"领"的宗旨统领。1940年，爱国华侨陈嘉庚先生回国慰劳考察，蒋介石准备接待经费8万元，而当时中国还有很多老百姓吃不上饭；陈嘉庚到延安后，毛泽东请他吃晚饭，桌上只有白菜、咸萝卜干，外加一味鸡汤，鸡还是邻居老大娘得知毛主席有远客，特地送来的。后来，陈嘉庚在缅甸仰光华侨欢迎会上大声疾呼："中国的希望在延安！"由品德和作风等综合形成软权力具有独特性，它可以体现为一呼百应的号召力、凝心聚力的吸引力、潜移默化的感染力等，达成事半功倍的效果。只有始终追随追随者，积极满足追随者不断变化的现实和潜在需求，才能称为真正的领导者。

　　只有始终追随追随者，积极满足追随者不断变化的现实和潜在需求，才能称为真正的领导者。

其二，方向敢"领"的思想引领。法兰西第一帝国皇帝拿破仑曾经说："世上只有两种力量：利剑和思想。从长而论，利剑总是败在思想手下。"这句话揭示出一个道理，思想是缓慢渗透而又绵延持久的，利剑则是雷厉风行而又难以持续的。思想的火焰将绽放更耀眼的光芒，照亮一个民族走向复兴的坚实步履，照亮我们更为美好、更值期待的明天。上下五千年的中华文化源远流长，虽历尽千难万险，却从来没有中断，这既保证了中华文化自身的繁荣兴盛，又推动了中华文化持续地为世界文明的进程贡献着中国智慧，从根本上说，这是一代又一代仁人志士的思想引领。

> 上下五千年的中华文化源远流长，虽历尽千难万险，却从来没有中断，这既保证了中华文化自身的繁荣兴盛，又推动了中华文化持续地为世界文明的进程贡献着中国智慧，从根本上说，这是一代又一代仁人志士的思想引领。

（二）方略善"导"的领导力

在领导力的方向敢"领"的基础上，需要通过"导"实现宗旨统领和思想引领，这解决的是"如何去那里"的方略问题，方略是保证方向实现的战略和策略，这是领导者主动地面对内外环境的高明对策。北京大学原校长林建华先生提出了建设北大的主张：一方面，平静如水的北大，营造平静的学习学术研究环境、拓展知识边界；另一方面，激情似火的北大，投入火热的民族人类发展进程、担当社会责任。这两个北大是辩证的，只有通过拓展知识边界，才能担当社会责任，这是深层次的统一。方略针对的是做什么，它通过对人的全员教导和对事的目标引导，引导和促使组织成员有能力并有意愿与领导者一道前行，创造和实现组织共同愿景的活动。

> 一方面，平静如水的北大，营造平静的学习学术研究环境、拓展知识边界；另一方面，激情似火的北大，投入火热的民族人类发展进程、担当社会责任。这两个北大是辩证的。

其一，方略善"导"的全员教导。一个时代有一个时代的主题，一代人有一代人的使命，领导者必须洞察世界发展的趋势，体验人类自身的需要，感悟领导活动的价值，清醒地意识到"角色就是期望"。在角色定位上，父母、老师和领导三种角色具有内在一致性，他们都是通过成就别人来成就自己，好父母、好老师和好领导由子女、学生和员工的成长和成功加以证明，领导活动是一次持续育人的全员行动。眼界决定世界，格局决定结局，领导者在上山的时候必须把大家都带上，不能孤单地待在高处，如果一个人站在山顶，他只是很会爬山的人。作为市场经济大潮中的领导者，企业家需要给社会培养人才，而不能够局限于自己的企业，因为人才既来自社会，又服务社会。密歇根大学教授诺尔·蒂奇坚定地认为，领导者的主要任务是培养领导者。在领导的视角中，培养人既突破了当下领导者的局限，又给未来的领导者拓展了空间，领导者需要从曾经的"优秀运动员"转变为"卓越教练员"，全程充满对成员的"教导"。

> 密歇根大学教授诺尔·蒂奇坚定地认为，领导者的主要任务是培养领导者。在领导的视角中，培养人既突破了当下领导者的局限，又给未来的领导者拓展了空间，领导者需要从曾经的"优秀运动员"转变为"卓越教练员"，全程充满对成员的"教导"。

其二，方略善"导"的目标引导。在领导活动价值多元、利益多元和诉求多元的背景下，为了充分发挥各方主体的积极性、主动性和创造性，这需要奉行"以终为始"的理念，把握领导实践过程的步骤和节奏，通过预期结果倒逼领导过程，形成有效的目标引导。领导目标引导的操作逻辑是，领导者审时度势地明确需要解决的问题，有条不紊地规划实现目标的步骤，前面目标是后面目标的基础，抓住特定时空的小目标一举获胜，创造有利于领导目标实现的突破口，通过此种方式，不断发挥领导目标在实践中的引导作用。

> 领导目标引导的操作逻辑是，领导者审时度势地明确需要解决的问题，有条不紊地规划实现目标的步骤，前面目标是后面目标的基础，抓住特定时空的小目标一举获胜，创造有利于领导目标实现的突破口，通过此种方式，不断发挥领导目标在实践中的引导作用。

（三）方法有"力"的领导力

在领导力的方向敢"领"和方略善"导"的基础上，领导价值的实现务必做到方法有"力"，"力"重在关切具体领导情境中"怎么适应"的方法问题。领导的方法有"力"分为思想方法和工作方法，思想方法决定工作方法，思想方法需要坚持实事求是的思想路线，工作方法需要一切从实际出发。这是因为，历史交汇期规定了工作坐标，领导者通常"在抽象化思考与日常思维方式之间努力达成微妙平衡"。① 坚持用发展的眼光看问题，发展是对历史的继承和对未来的奠基，在继承与创造的有机统一中谋划发展，多添砖加瓦而少另起炉灶，积跬步以至千里。方法针对的是怎么做，它需要超越当下的领导情境，在更广的空间中进行抽象思维，同时还能与当前的现实结合，领导力之"力"既是方法的战略定力，又是方法的战术活力。

> 思想方法决定工作方法，思想方法需要坚持实事求是的思想路线，工作方法需要一切从实际出发。这是因为，历史交汇期规定了工作坐标，领导者通常"在抽象化思考与日常思维方式之间努力达成微妙平衡"。

其一，方法有"力"的战略定力。从领导者的做人方面来说，需要做到"方"的原则性，领导方法的战略"定力"是应对领导者内在变化的必需，是领导力形成现实效果的必经阶段。现代社会思想多元、多变的特征日益凸显，在经济体制深刻变革、利益关系深刻调整、社会结构深刻变动和思想观念深刻变化的过程中，无论是组织内部还是组织外部，不确定的是

---

① ［美］罗伯特·K.格林利夫：《仆人式领导》，徐放等译，江西人民出版社2008 年版，第 26 页。

环境，可以确定的只有我们自己，真正的对手也只有我们自己。著名学者彼得·德鲁克认为："战略不是研究我们未来要做什么，而是研究我们今天做什么才有未来。"在特定的时空中，领导实践需要做到时间上特定阶段的超越性和空间上特定地点的超越性，这符合领导者和追随者长远而深层的需求，发展是硬道理，共享是硬要求。我们的确已经进入一个全新的时代，承认无知要比消耗资源去预测未来更具有战略优势，这就是这个时代的全新特性，因为这样的特性，它要求领导者具有更强的确信的定力。无论遇到什么困难挫折都不改初衷，领导者的定力需要观大势、定大局、谋大事，科学把握当今世界和当代中国的发展大势，善于从政治上认识和判断形势，善于从全球视野中谋划事业发展，保持强大的战略定力。

> 我们的确已经进入一个全新的时代，承认无知要比消耗资源去预测未来更具有战略优势，这就是这个时代的全新特性，因为这样的特性，它要求领导者具有更强的确信的定力。

其二，方法有"力"的战术活力。从领导者的做事方面来说，需要做到"圆"的灵活性，领导方法的战术"活力"是应对领导情境外在变化的必需，也是领导力诞生的沃土。世间万物变动不居，比较聪明的人会根据时期的不同而改变操作方法，有大智慧的人会随着事物发展的不同而制定相应的领导方法，这需要秉持求真务实的态度，让各种发展活力充分迸发出来。著名投资人孙正义在谈及自己的成功时说："一切目标的实现都是来自毫无根据的相信！"这就是相信的力量，正所谓：心中有信仰，脚下有力量。牛津大学证明导致贫穷根源的九大死穴，诸如，总是寻找借口（22%）、恐惧（19%）、犹豫不决（13%）、拒绝学习（11%）、拖延（9%）、三分钟热度（8%）、害怕拒绝（7%）、自我设限（6%）、逃避现实（5%），其中占比最高的是寻找借口。俗话说，成功的人总为成功寻找方法，失败的人总为失败寻找借口，不管所寻找的借口如何，从开始寻找借口就是循着失败的方向去的。如果领导者能够抛开一切的杂念，全神贯注地追求一种一切尽在掌握的力量感，就会为领导实践奠定坚实的基础，并为其提供清晰的轮廓。

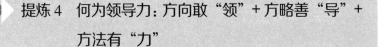

提炼4 何为领导力：方向敢"领"+方略善"导"+方法有"力"

换言之，领导力包括个人领导力、团队领导力和组织领导力，它们的共同点都是在更大范围和更深层次上产生影响力。

领导力可以在两个层次上概括：从基础的层次上，领导力既是方向的宗旨统领、思想引领的方向敢"领"，又是方略的全员教导、目标引导的方略善"导"，更是方法的战略定力、战术活力的方法有"力"的一分为三、三合为一；从超越的层次上，领导力既有侧重于"人"方面的方向的宗旨"统领"、方略的全员"教导"和方法的战略"定力"，又有侧重于"事"方面的方向的思想"引领"、方略的目标"引导"和方法的战术"活力"，领导力是"人"和"事"两个方面的结合、配合和融合。

第三节　领导力的何去

领导者一定是先行者，同时，领导者务必是先见者，拥有先见之明，透过当下重重叠叠的迷雾，力争清晰地预测其未来的可能走向，进而采取相应的应对举措。毛泽东说："坐在指挥台上，只看见地平线上已经出现的大量的普遍的东西，那是平平常常的，也不能算领导。只有当着还没有出现大量的明显的东西的时候，当桅杆顶刚刚露出的时候，就能看出这是要发展成为大量的普遍的东西，并能掌握住它，这才叫领导。"①在展望领导力的发展趋势中，只有不断地在绝对动态中理解领导力的变化，才能根本地在相对静态中把握领导力的规律。只有看得远，才能体现真正站得高，由此化解迷雾、穿透迷茫，形成对未来的直觉。当今普遍存在的"高端论坛"，这个高端与空间的高度基本无关，而与时间的长度密切相关。在"领导力的何去"中，领导力的"三二一"侧重从横向的空间维度理解领导力，领导力的"三点论"注重从纵向的时间维度把握领导力。

　　只有不断地在绝对动态中理解领导力的变化，才能根本地在相对静态中把握领导力的规律。
　　只有看得远，才能体现真正站得高，由此化解迷雾、穿透迷茫，形成对未来的直觉。当今普遍存在的"高端论坛"，这个高端与空间的高度基本无关，而与时间的长度密切相关。

一、领导力的"三二一"

面对变革的时代，真正的未来专家是没有的，为此，对于

① 《毛泽东文集》第三卷，人民出版社1996年版，第394—395页。

未来我们既要保持敬畏，也要大胆尝试，在不断尝试的过程中获得进步。从空间分布上说，领导力是点、线、面的综合作用过程，展开来看，它包括一个点、两条线和三方面。其中，领导力的三方面主要包括领导者的做事，这是基于业务技术的；领导者的处世，这是源于人际互动的；领导者的谋势，这是来自决策决断的。领导力的两条线分别是路和悟，路是领导道路，走进领导实践的山高水长、坑深路远；悟是领导感悟，体会领导实践的酸甜苦辣和阴晴圆缺。领导力的一个点是人，也只能是人，只有人才是浅出而又深入的概括。领导力是道德的，必然关注人，而且只有关注人，才体现了领导力的题中应有之义，才是真正的领导力。

> 领导力是道德的，必然关注人，而且只有关注人，才体现了领导力的题中应有之义，才是真正的领导力。

（一）领导力的三方面

社会生活的复杂性决定了领导活动的综合性，人不可以有"三只手"，但是，一个真正的领导者必须有三手。领导力来自包括做事、处世和谋势在内的多样的领导实践。具体来看，领导的"做事"需要业务技术，懂专业、有技术；领导的"处世"重在人际互动，识人心、能团结；领导的"谋势"突出决策决断，明趋势、善抉择。就三者的相对关系而言，领导的谋势尤其重要，这是立足当下、面向未来的，它更为困难，也更为关键。

人不可以有"三只手"，但是，一个真正的领导者必须有三手。领导力来自包括做事、处世和谋势在内的多样的领导实践。

其一，领导力来源于业务技术的"做事"。毛泽东在《水调歌头·重上井冈山》中写道："可上九天揽月，可下五洋捉鳖，谈笑凯歌还。"任何一个人的能力很少是从做大事得来的，而是从很多看似不太起眼的小事情中锻炼出来的。在此过程中，领导者需要具备专注的态度，全力以赴地投入到工作中去；需要专业的精神，精益求精地对待自己的工作。有一则"乌鸦喝水"的寓言故事：一只乌鸦为了喝到瓶口很细的瓶子里面的水，经过摸索，终于琢磨出了向瓶子里丢石子的方法，从此，它就可以顺畅地喝到瓶子里面的水了，并且经常被人夸赞，这种好方法还被写到教科书里，启发更多的后来人。然而，忽然有一天，飞来了另外一群乌鸦，这群乌鸦根本不会衔石子，但个个嘴里都带着一根吸管，可想而知，它们同样可以喝到水。在时代的洪流中，社会的可持续发展务必创新，做事的专业精神和持续创新是必需的。

任何一个人的能力很少是从做大事得来的，而是从很多看似不太起眼的小事情中锻炼出来的。在此过程中，领导者需要具备专注的态度，全力以赴地投入到工作中去；需要专业的精神，精益求精地对待自己的工作。

其二，领导力来源于人际互动的"处世"。在这个大跨界的时代，从传统的"隔行如隔山"到当下的"隔行如隔山沟"，不同行业之间的跨界变得愈加随意和任意。阿里巴巴创始人马云在乌镇互联网大会的发言中说："在市场竞争中，跨界争夺已是常态，这是一个摧毁你，却与你无关的时代；这是一个跨界打劫你，你却无力反击的时代；这是一个不是对手比你强，而是你根本连对手是谁都不知道的时代。"在商业的逻辑中，它绝对不是消灭别人，而是为客户解决痛点、提供服务，今天最打动消费者的不再是解决家庭生活便利的消费品，而是追求满足购物过程的极速、分享和娱乐，是人们之间的共鸣与分享。史蒂夫·乔布斯说过一句话："要从客户体验着手，再返回到技术层面。"崛起的企业之所以引领世界，因为他们更了解并代表着有消费能力的大多数人类的生活感知，代表着对于美好生活的向往，让美好生活成为顾客界面。从市场的角度看，生意本身就是生活的意义，技术使得商业活动更加有可能贴近生活本身，离开已有竞争者的红海市场而再创造出一个解决某个需求的巨大蓝海，更重要的是，其本身代表了充足的生长空间。在现代社会的逻辑要求下，领导者务必谨慎"处世"，领导力需要处世中赤诚奉献的利他思维。

> 在商业的逻辑中，它绝对不是消灭别人，而是为客户解决痛点、提供服务，今天最打动消费者的不再是解决家庭生活便利的消费品，而是追求满足购物过程的极速、分享和娱乐，是人们之间的共鸣与分享。史蒂夫·乔布斯说过一句话："要从客户体验着手，再返回到技术层面。"

其三，领导力来源于决策决断的"谋势"。尽管我们难以清晰地感知未来的姿态和步伐，但是，领导力务必热切地关注未来，热烈地描绘未来，谨慎地判断未来。20 世纪 90 年代开始，VUCA 这个源于军事的术语被普遍使用，VUCA 是 Volatility（易变性）、Uncertainty（不确定性）、Complexity（复杂性）、Ambiguity（模糊性）的缩写，随后被用于从营利性公司到教育事业的各种组织的战略这种新兴思想中去。VUCA 的时代开启了我们无穷无尽思考的序幕：未来已来、未来正来，或者未来未来？按照传统的商业逻辑，尼康最多被索尼或者佳能等同行打败，没想到打败它的居然是另一个行业——智能手机。智能手机侵占了原本属于数码相机的市场。原来做电脑的"苹果"，做出了触屏的智能手机，把手机世界的老大"诺基亚"给干掉了。2013 年 9 月，"诺基亚"被微软收购。10 年之后的今天，当苹果手机还在如日中天的时候，中国的华为异军突起，又发布了全球首款 AI 手机，将手机带入了人工智能时代。在社会发展的框架下，领导者需要大胆"谋势"，以未来观察当下的领导活动。

> 尽管我们难以清晰地感知未来的姿态和步伐，但是，领导力务必热切地关注未来，热烈地描绘未来，谨慎地判断未来。
>
> VUCA 的时代开启了我们无穷无尽思考的序幕：未来已来、未来正来，或者未来未来？
>
> 在社会发展的框架下，领导者需要大胆"谋势"，以未来观察当下的领导活动。

（二）领导力的两条线

在时代变革的大潮中，领导者只有具备敢于试验的冒险精神，才能走出一条好路和一条新路，行万里路不如名师指路，名师指路不如自己领悟。领导力学习的"127 法则"具有启发意义，领导本领的学习 10% 是书本上的，学理论可以少走弯路；20% 是从别人那里学来的，相互之间学习，向榜样学习；70% 是从自己的实践中学来的，包括对成功的经验和失败的教训进行总结、提炼和感悟。在领导活动的路途上，当然要立足实践，同时，需要感悟蕴含于领导实践背后的规律，一会儿是"路"，一会儿是"悟"，一边走路，一边感悟，又在走路，又在感悟，让领导力的两条线"路"与"悟"持续结合。

> 在领导活动的路途上，当然要立足实践，同时，需要感悟蕴含于领导实践背后的规律，一会儿是"路"，一会儿是"悟"，一边走路，一边感悟，又在走路，又在感悟，让领导力的两条线"路"与"悟"持续结合。

首先，领导力之"路"是必须要走的。一位和尚要云游参学，师父问："什么时候动身？""下个星期，路途远，我托人打了几双草鞋，取货后就动身。"师父沉吟一会儿，说："不如这样，我来请信众捐赠。"师父不知道告诉了多少人，当天竟有好几十名信众送来草鞋，堆满了禅房的一角。隔天一早，又有人带来一把伞要送给和尚。和尚问："你为何要送伞？""你的师父说你要远行，路上恐遇大雨，问我能不能送你把伞。"但这天不止一人来送伞，到了晚上，禅房里堆了近50把伞。晚课过后，师父步入和尚的禅房说："草鞋和伞够了吗？""够了够了！"和尚指着堆在房间里小山似的鞋和伞："太多了，我不可能全部带着。""这怎么行呢？"师父说，"天有不测风云，谁能料到你会走多少路，淋多少雨？万一草鞋走穿了，伞丢了怎么办？"师父又说："你一定还会遇到不少溪流，明天我请信众捐舟，你也带着吧……"和尚这下明白了师父的用心，他跪下来说："弟子现在就出发，什么也不带！"做一件事情，重要的不是身外之物是否完备，而是有没有决心！有决心了，拟定目标了，一切都不是问题！请带上自己的心上路吧，目标在远方，路在自己脚下，每迈出一步，都是一点点收获，带心上路，一切外物自然俱足！在领导活动中，"条条大路通罗马"，这个罗马既有满足追随者的共性，又各有特色，在任务和事务的实践中推动工作，因为追随者各有自己的梦，每一条路都是独特的。

> 在领导活动中，"条条大路通罗马"，这个罗马既有满足追随者的共性，又各有特色，在任务和事务的实践中推动工作，因为追随者各有自己的梦，每一条路都是独特的。

其次，领导力之"悟"是务必拥有的。法兰西第一帝国皇帝拿破仑说："身为总司令的人，是倚他们自己的经验或天才行事的。工兵和炮兵军官的战术与科学，或许可以从书本中学到，但是将才的养成，却只有通过经验和对历代名将作战的钻研才能做到。"领导活动的"路"是一种阅历，"悟"更是一种智慧，"路"强调动，"悟"注重静，动静结合，在静中感悟领导智慧、筹划领导战略。毛泽东说："在游泳中学习游泳，在战争中学习战争。"领导活动需要在实践中提升，甚至可以说，实践也只是陪衬，支撑我们变得越来越好的是我们自己不断进阶的修养以及不断反思后的修正。领导活动过程中的"悟"既包括一般层次的总结，梳理相对具体的实践；更应该包括更高层次的超越，把握相对抽象的价值。

> 领导活动需要在实践中提升，甚至可以说，实践也只是陪衬，支撑我们变得越来越好的是我们自己不断进阶的修养以及不断反思后的修正。

（三）领导力的一个点

在互联网的时代，马云曾经总结道：对待变化有四种人：第一种是看不见；第二种是看不懂；第三种是看不起；第四种是来不及。对待社会实践中的纷繁变化，最好的状态是第一时间敏锐地看到；不仅看到，还能第一时间深刻地看懂；不仅看懂，还能第一时间真正地重视；不仅是嘴上的重视，还能第一时间投入精力与资源，勇敢地应对挑战，机智地赢得机遇。从最简约的意义上说，领导力的一个点是"人"，这个点只能是"人"，也必须是人，这是因为，领导力是"为了人"和"依靠人"的统一。

阿里巴巴合伙人蔡崇信认为："机会成本是最大的成本，一旦错失了良机，对企业未来的打击会非常大。"站在历史的关键节点上，永远不要与趋势为敌，我们要有奋斗的豪情，也要关注脚下的土地和这方土地上普普通通而又兢兢业业的人。

> 阿里巴巴合伙人蔡崇信认为："机会成本是最大的成本，一旦错失了良机，对企业未来的打击会非常大。"站在历史的关键节点上，永远不要与趋势为敌。

彼得·德鲁克先生曾经说过一句名言：企业存在的唯一理由与目的，就是创造客户，而非商业利润。创造客户是目的，商业利润是一种自然而然的结果，企业在找到客户需求的基础上创造满足这种需求的产品。无论互联网发展有多么快，无论未来有多么不确定，一个不变的原则永远是以客户为中心，不仅要为客户提供性价比高的产品，还要提供卓越的体验，产品过剩时代的销售更多依靠客户认知和客户体验制胜。一切不适合客户需要的，未满足客户期望的，让客户体验不好的都需要变革，都可以变革，以居民消费加快升级适应高质量发展阶段的需要，消费的价值观从以客户为中心到以人为中心，再回归到为客户创造价值，个性化定制、服务化延伸将引领消费趋势。

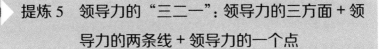

提炼5　领导力的"三二一"：领导力的三方面＋领导力的两条线＋领导力的一个点

总体来看，历史的车轮滚滚向前，不会因任何人的消极缓慢而停止，时代抛弃你时，连一声再见都不会说。在领导力的"三二一"中，领导力的三方面是其着眼点，做事、处世和谋势这三方面的核心素质存在着内在的逻辑联系，后者又以前者为基础，需要对前者加以超越。领导力的两条线是其着力点，领导力的"路"和"悟"是携手而行的。领导力的一个点是其着重点，在领导活动中存在的两个词具有典型性，人物的意思是物随人转，人事的意思是事由人为，只有持续地培养下一代的领导者，才能提升真正成功的领导力。

二、领导力的"三点论"

这是一个互联网背景下的无边界时代，每一个行业都在内部整合、外部交叉，直至相互渗透。领导者、追随者和领导情境构成了领导三要素，当我们深入分析三者时会发现，领导者、追随者和领导情境的各自内涵发生了变化，相互关系也在发生着变化。领导力的形成过程包括起点、焦点和重点这三点：领导力的起点是与生俱来的，这是从领导者的角度探究的，领导者的先天素质为之奠定了雄厚的基础；焦点是与民同乐的，这是从追随者的角度来看的，不断地赢得追随者是在多种因素综合作用过程中锻造的；重点是与时偕行的，这是从领导情境的角度预测的，领导力务必随着时代的发展持续地提升。

（一）起点：与生俱来

大家可能注意到一种现象，在街头的警察没有变得越来越多的情况下，扒手却变得越来越少。当我们探究其原因时，竟然发现打击甚至消灭扒手的，是微信和支付宝等现代的移动支付手段，越来越多的人口袋里没有现金，扒手纷纷失业，我们甚至可以说，直接消灭小偷的主要不是警察，而是互联网金融技术使得传统的小偷难以立足。20世纪早期诞

生的领导特质理论认为，领导者的特质与生俱来，只有天生
具有领导特质的人才有可能成为领导者。这种观点强调了领
导者自身一定数量的、独特的，并且能与他人区别开来的品
质与特质对领导有效性的影响，它开创了领导领域系统研究
的先河。约翰·麦斯威尔教授认为，怎么领导是可以学会
的。这是基于领导力的生成特点做出的判断，在这个多变
而又多彩的时代，领导力的形成既有其先天性，又有其后
天性。

> 　　20 世纪早期诞生的领导特质理论认为，领导者
> 的特质与生俱来，只有天生具有领导特质的人才有可
> 能成为领导者。
> 　　约翰·麦斯威尔教授认为，怎么领导是可以学会的。
> 　　在这个多变而又多彩的时代，领导力的形成既有
> 其先天性，又有其后天性。

　　20 世纪 20 年代末 30 年代初的美国经济大萧条期间，"西
方领导力之父"沃伦·本尼斯的父亲失去了一份稳定的工作，
这带给了本尼斯孤独而又沮丧的童年。他提出："如果一个人
不仅能够经受苦难的考验，而且还能从这些考验中找出积极的
意义，他或是她就能成长嬗变为持久耐劳、卓有成效的领导

者。"① 对此，我们可以做出更加简洁的概括——"从逆境中找到意义和力量，就是领导者和非领导者的差别"。我们完全可以说，本尼斯早年不太愉悦的经历给他的领导力锻造提供了最初的熔炉，但是，真正促使他对领导力进行初步思考的则是他的两个双胞胎哥哥，这是两个尽管在很多方面几乎一模一样，在领导力方面却迥然不同的哥哥：一个哥哥毫不费力地成了孩子王，而另一个哥哥遭到的命运则是别的孩子做游戏时都不愿和他一起玩，这种巨大的现实差异促使本尼斯进行了持久而又深层的探索。

通过不断的探索，他惊奇地发现，领导力与人生是密不可分的，人生是不断应对变化并探寻意义以实现自身价值的过程，这也是逐步发现自己热爱的事业过程，领导力的提升是人生中"熔炉＋顿悟"的复合过程。在某种程度上，两者其实就是一体两面，让人成为伟大的领导者的因素，也是让他或她成为成功的、健康的个人的原因，这是每个人必需的。清代著名文学家蒲松龄在自勉联中写道："有志者，事竟成，破釜沉舟，百二秦关终属楚；苦心人，天不负，卧薪尝胆，三千越甲可吞吴。"此联最大特点在于上下联呼应自然，行云流水，连

---

① ［美］沃伦·本尼斯、罗伯特·托马斯：《极客与怪杰：领导是怎样炼成的》，杨斌译，机械工业出版社 2003 年版，序言第 20 页。

接了"奋斗"和"成功"这两个阶段。在领导实践或者在人生舞台上，成功的领导者往往独立成为一种类型，这通常以立体的方式呈现出来。从领导力的起点来看，它是与生俱来的，这是从领导力的先天性的角度来说的。

> 领导力与人生是密不可分的，人生是不断应对变化并探寻意义以实现自身价值的过程，这也是逐步发现自己热爱的事业过程。
>
> 在某种程度上，两者其实就是一体两面，让人成为伟大的领导者的因素，也是让他或她成为成功的、健康的个人的原因，这是每个人必需的。
>
> 在领导实践或者在人生舞台上，成功的领导者往往独立成为一种类型，这通常以立体的方式呈现出来。

（二）焦点：与民同乐

人民群众是历史的创造者，人民群众的需要的变化奠定了历史发展的深层基础，优秀的领导者必然是卓越的追随者，他们不仅追随自己的领导，而且追随更为广泛的人民群众，因为人民群众只是潜在的追随者，领导者需要主动地追随追随者，以此赢得追随者的真正追随。领导力从本质上看是影响力，影响了多少人根本上取决于服务了多少人，在多大领域内和多大程度上满足了这些人的需要。

> 优秀的领导者必然是卓越的追随者，他们不仅追随自己的领导，而且追随更为广泛的人民群众，因为人民群众只是潜在的追随者，领导者需要主动地追随追随者，以此赢得追随者的真正追随。

企业领导过程逐步兴起去中心化的现象，企业为普通员工提供了更大的发挥空间，让他们的创新能力得到释放，这是领导学研究中的量子领导力。量子领导力认为每个员工都是参与者，是一起创新的合作伙伴，并且广泛运用他们的专长，没有旁观者，领导者让员工自行搭建工作框架，自行组织相应的实践，"自下而上"地推动企业发展。中国海尔的"小微模式"就是非常典型的量子企业，海尔把公司分成了4000多个业务组，每个业务组都是独立的个体，有不同的产品、员工和消费者，同时组与组之间也彼此相连，互相合作。仅仅2014年一年，海尔就有100多个小微企业的年营业收入超过1亿元，整个海尔集团的全球营业额同比增长了20%，"小微模式"是海尔2014年的一个标志性战略动作。众所周知，这是一种兼容并蓄、求同存异的优秀文化。

进而言之，这个时代的领导者必须培养利他思维，利他思维鼓励领导者为员工、客户和竞争对手考虑，尽可能地有利于他们，其中，"利员工"和"利顾客"很容易理解，那为什么要"利对手"呢？日本企业家稻盛和夫的核心经营理念就是"利他经营"，利他终究是最大的利己，这不是简单的道义问题，这是一个大智慧，他在企业运营的过程中能够与他人保持一定的合作，同时也给他人留有一定的空间，这表面上看是一种付出，但是，它最终肯定不会吃亏。一个人真正地利他，最终还是会对自己的企业带来价值，实现道义和利益的双层共赢。无论衡量企业或者个人，只有让合作伙伴更强大，自己才有可能成功，在市场竞争激烈的大环境下，跳出固有认知，经常站在员工、消费者和竞争对手的角度去思考，会让企业更具生命力。从领导力的焦点来看，参与领导实践的多方唯有相互合作，才能共同成长，是与"民"同乐的。

> 　　一个人真正地利他，最终还是会对自己的企业带来价值，实现道义和利益的双层共赢。无论衡量企业或者个人，只有让合作伙伴更强大，自己才有可能成功，在市场竞争激烈的大环境下，跳出固有认知，经常站在员工、消费者和竞争对手的角度去思考，会让企业更具生命力。

（三）重点：与时偕行

中国传统文化认为，变化日新是宇宙的本质，生成化育万物是天地的大德。《易经》的损卦提出："损益盈虚，与时偕行。"它揭示出减损或者增益就像月亮的盈与虚，只有随着时间的变化因时而动、因时制宜，才能做出正确的判断和决断。当今科学技术一直创新，各种发明创造不断涌现，各种传统不断地颠覆，进而形成社会秩序的重组。比如上一波互联网浪潮刚一过，人工智能的潮头又袭来了，人工智能还没过去，区块链的大浪又袭来了。在数字化时代的互联互通之中，任何一个要素的变化都会触及整体的改变，不仅仅是加速度的"量变"，更是底层商业和战略逻辑的"质变"，在这样一个各种变化不断来袭的时代里，我们就好像在大浪里航行的船，不但需要学会抗衡风浪，而且需要借助风浪。放眼全球，当今世界正在发生前所未有之大变局，我们面临着更多的严峻挑战，如果我们不识变、不应变、不求变，就可能陷入战略被动。

在数字化时代的互联互通之中，任何一个要素的变化都会触及整体的改变，不仅仅是加速度的"量变"，更是底层商业和战略逻辑的"质变"，在这样一个各种变化不断来袭的时代里，我们就好像在大浪里航行的船，不但需要学会抗衡风浪，而且需要借助风浪。

20 世纪初期兴起的量子思维主张，世界是由粒子组成的，粒子就像一个又一个能量球，碰撞后并不会简单地弹开，有些反而会融合，不同的能量也会产生难以预测的组合变化，衍生出各式各样的新事物，很多事情是不可量化的，从而世界是不确定的。在不确定的世界中，问题就是时代的声音，量子领导力需要培养问题思维，一般人的思考路径从发现问题到提供解答，落脚点在答案上；但是，量子领导力认为解答是为了更好地发现问题，落脚点在问题上，能够创造性地适应快速和复杂的变化，发现问题往往比解决问题更重要，以一种"居安思危"的方式推动企业前进，这是企业不断发展的动力。在企业实践中，美国的一个家电品牌 A.O. 史密斯就非常注重鼓励员工发现问题，而且员工不必思考解决方案，甚至只要提出问题即可，解决方案会由专门的小组牵头处理，如果问题解决后能够给企业带来经济效益，那么该员工就可以得到相应的奖金。问题思维不提倡寻找最优解，而是鼓励多种策略解决问题，并且在不断寻找创新解决路径的过程中，发现新问题，提出新挑战。

在不确定的世界中，问题就是时代的声音，量子领导力需要培养问题思维，一般人的思考路径从发现问题到提供解答，落脚点在答案上；但是，量子领导力认为解答是为了更好地发现问题，落脚点在问题上，能够创造性地适应快速和复杂的变化，发现问题往往比解决问题更重要。

问题思维不提倡寻找最优解，而是鼓励多种策略解决问题，并且在不断寻找创新解决路径的过程中，发现新问题，提出新挑战。

历史的发展总有一些关键的时期，正如河入峡谷、风过隘口，它们都处于紧要的节点，也都面临不同的挑战。在历史提出的挑战面前，当我们辩证地看待它，一定会有相应的机遇，甚至可以说，挑战虽坚，机遇尤盛。机遇是事物相互作用的历史累积，是人民创造伟大实践业绩的时代呈现，机遇千载难逢，机遇稍纵即逝，机遇不仅是"机"更是"遇"，抓住了、用好了，才不负时代的馈赠，实现跨越，迈上台阶，错失了就是挑战。思想有多远，目光就有多远，脚步就能延伸多远，我们面对一个空前广阔的时代，整个世界正在我们面前展开；面对一个空前激荡的时代，风云际会中孕育无数可能与希望。躬逢伟大变革时代，面对宝贵历史机遇，这需要考虑未来而不忧虑未来，透过若干看似孤立的事件，寻求贯穿职业、企业、行业、产业和事业的内在发展规律，制定富有全局性和前瞻性的战略。我们要居安思危、知危图安，既需要以自觉认识机遇，洞察历史的睿智，又需要以自为把握机遇，收获历史的荣光。从领导力的重点判断，一代代人前赴后继，每一段都有不同的风景，它是与时偕行的。

▶ 提炼 6 领导力的"三点论"：起点＋焦点＋重点

中国共产党的创始人之一李大钊说："时间是伟大的发明者。"从我们的常识可以得知，时间最大的特点是其一维性，线性向前而不可逆，时间巨轮滚滚向前，奔流不息。在不断迭代的历史长河中，时间也是最好的试金石，风流总被雨打风吹去，也只能期待江山代有才人出。每一代人都需要一场自我革命，勇于面对社会的激流，同时，每个人的梦想都可以傲然绽放，融入社会变革进步的时代潮流中，大有可为的时代呼唤大有作为的人，在时代的大舞台上书写精彩的人生。打开机遇的未来空间，每个人从中找到的，是人生出彩的舞台；国家从中发现的，是繁荣昌盛的阶梯。世界上唯一不变的就是变化，每时每刻都在发生着变化，变是唯一的不变，不敢或者不能拥抱变化，就不能在变化的世界中有所成就。领导力发展的过程有其"三点论"，起点是与生俱来的，焦点是与民同乐的，重点是与时偕行的。

结　语

俗话说：大多数人因看见而相信，极少数人因相信而看见。教皇问意大利文艺复兴时期伟大的雕塑家米开朗基罗：请告诉我，你才华横溢的秘密是什么，你是如何创造出《大卫》这一经典雕像的？米开朗基罗答道：很简单，我把所有不是大卫的大理石都去除，大卫就诞生了。人生的许多事情，又何尝不是如此？你只要专注于想要的事物上，把其他多余的部分一一去除，就能看到一直渴慕的"大卫"。任何事情的完成需要舍去不必要的多余之物，以便心不为物役，保持精神的自由，从中揭示一条普遍适用的道理：大道至简。

各位潜在和现实的领导者务必清醒地认识到：领导力不是"一朝一夕"的事，它需要"一成不变"的乐观和"一如既往"

的坚持，不同行业的领导力是若即若离、既离又即的。在不同的企业、行业和产业之间，我们可以明确地说：领导力的普遍性是主要的、领导力的特殊性是重要的。习近平总书记说："中国共产党人依靠学习走到今天，也必然要依靠学习走向未来。"在当今社会变革中，各行各业的领导者都需要学习：通过"学"掌握规律，通过"习"运用规律，推动丰富多彩的领导实践，这是更深层次、更为本质的"学"。领导务必有结果，只有修炼由内而外的旺盛生命力，才能锻造由外而内的强大战斗力，达到领导活动的预期效果。

一切皆有可能，轻轻地，历史已经远去；渐渐地，未来循声前来。时间节点标注着历史前行的足迹，让人心向往之、行亦趋之。为了在复杂多变的领导实践中应对挑战、把握机遇，我们需要从"常"中发现"变"，从"变"中洞察"常"，做到"常"与"变"的具体的、历史的结合。这是一个既一望无际，又无法一览无余的变革时代，无论我们是否已经准备好，未来不会以任何人的意志为转移，它已经产生了并且还在产生着更加广泛而又深远的影响。

延 伸 学 习

变革领导力学堂

第二章

领导目标导向与决策力

‥

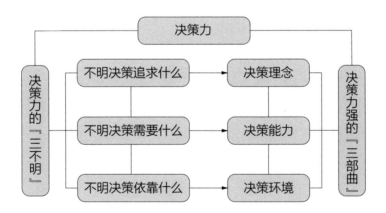

导　言

　　人的活动是在多方主体之间的互动过程中展开的，无论是满足个人成长的需要，还是满足组织发展的需要，都是领导活动的导向目标。我们一起看看这个小故事：一只狐狸不慎掉进井里，怎么也爬不上来。口渴的山羊路过井边，看见了狐狸，就问它井水好不好喝。狐狸眼珠一转说："井水非常甜美，你不如下来和我分享。"山羊信以为真，跳了下去，结果被呛了一鼻子水，虽然它感到不妙，但不得不和狐狸一起想办法摆脱当下的困境。狐狸不动声色地建议说："你把前脚趴在井壁上，再把头挺直，我先跳上你的后背，踩着羊角爬到井外，再把你拉上来，这样我们都得救了。"山羊同意了，但是，当狐狸踩着它的后背跳出井外后，马上一溜烟跑了。临走前它对山羊说："在没看清出口之前，别盲目地跳下去！"从这个故事中，我们可以得到这样的启发：领导活动的明确目标固然必要，采取措施促成目标实现的方法尤为重要，这需要把目标的"做什么"与方法的"怎么做"结合起来。这个过程需要综合研判，同时考虑一旦情况出现变化，如何采取相应的对策以应对这种变化，决策活动无处不在、无时不有，领导导向目标依赖决策力。

> 领导活动的明确目标固然必要，采取措施促成目标实现的方法尤为重要，这需要把目标的"做什么"与方法的"怎么做"结合起来。这个过程需要综合研判，同时考虑一旦情况出现变化，如何采取相应的对策以应对这种变化，决策活动无处不在、无时不有，领导导向目标依赖决策力。

毛泽东说："政策和策略是党的生命，各级领导同志务必充分注意，万万不可粗心大意。"①领导决策需要把全局利益作为最高价值追求，凝聚人心、整合资源，立足当前并着眼长远地谋划。在全球化的今天，世界已经成为地球村，在信息化的今天，人们之间逐步变成零距离，只有顺应当今世界的发展趋势，体现人民的意愿，满足人民的需求，才能形成他们自觉自愿的追随。当代领导肩负着更为艰巨而繁重的历史使命，这需要全面地理解和理智地应对多样多变的各种挑战，做到"胸怀

---

① 《毛泽东选集》第四卷，人民出版社 1991 年版，第 1298 页。

大志，腹有良谋"，胸中怀有远大的志向，同时，心中拥有良好的决策。领导过程需要能够集中力量办大事，这是在弄清"大事"在哪里的基础上，真正集中有限的资源去完成它，做到完成过程中的"毕其功于一役"。那么，这样的"一役"又在哪里呢？

当代领导肩负着更为艰巨而繁重的历史使命，这需要全面地理解和理智地应对多样多变的各种挑战，做到"胸怀大志，腹有良谋"，胸中怀有远大的志向，同时，心中拥有良好的决策。

在领导实践过程中，"领"的地位的发挥状况是由决策力的优劣决定的，决策力的不良状况较为普遍地存在着。综合来看，导致决策力弱的原因突出地体现在以下三个方面。其一，不明决策追求什么，这涉及的是决策理念。从领导实践甚至社会生活的发展过程来看，决策理念是相对形而上的，领导者务必深层洞察决策为了什么，明确其核心的价值追求，这是决策的内生动力，它奠定了决策质量的基础。其二，不明决策需要什么，这涉及的是决策能力。在社会变革时期，崭新的现象层出不穷，如果我们只是孤立地、静止地、片面地看待问题，领导活动的开展一定寸步难行，领导者务必做到在机会中看到挑战，在挑战中看到机会，因为机会和挑战从来都是同道而行的。其三，不明决策依靠什么，这涉及的是决策环境。科幻电影《三体》中呈现了"降维打击"这种现象，一个无意中路过了人类文明的歌者文明，发现了人类，于是就像捏死一只蚂蚁一样，顺手灭掉了太阳系，因为对于他们来说，人类文明什么都不是，这就叫：我消灭你，但与你无关。在这个跨界打劫、迅速迭代的时代，生活简直就是十面埋伏，我们如履薄冰。决策从来都是在复杂的环境中进行的，领导者务必理解决策所处的"乱花渐欲迷人眼"的环境，果断地采取举措，适时决断。

在领导活动的现实环节中，决策力是决策理念、决策能力和决策环境三大因素的递进。为此，我们总结出决策力的公式，即"决策力＝决策理念 × 决策能力 × 决策环境"，这使得决策力的提升不但是必要的，而且是可能的，更可以付诸决策实践。其一，决策理念。这是对为什么决策的深入挖掘，回答深层的决策价值追求，能够根据最终的决策目标，更加深度地思考决策的方方面面，贯彻价值决策、共赢决策和战略决策的理念。其二，决策能力。这是对怎么样决策的系统梳理，指导具体的决策实施过程，在这个过程中，依次从判断、推断和决断三个环节，再将它们连贯起来，在综合各种不同意见之后，做出现实条件约束下的最好选择，形成现实的决策能力。其三，决策环境。这是对怎么考虑决策影响因素的综合把握，在衡量决策得失的前提下，懂得什么是眼前该做的，什么是当下不该做的，主要包括决策的硬环境、软环境和小环境，这些不但影响决策的制定，而且影响决策的相应修正。随着时间的推移，决策环境的变化又会挑战决策能力的现状，甚至促使决策理念的变革。

第一节　决策理念

领导力的"领"首先是引领方向，它不断开拓着领导活动的边疆，务必具有开创性意义，正如美国前国务卿基辛格所说："领导就是要让他的人们，从他们现在的地方，带领他们去还没有去过的地方。"这依赖于"先谋而后动"的决策，它的发展经历了完全依靠经验的经验决策，从全部可行性方案中选出能够实现目标的最优方案的最优决策，在现实条件下取得满意结果的次优决策和通过创新的设计手段达到更高目标的超优决策。从经验决策的"不优"到科学决策的"最优"，从比较务实的"次优"到注重创新的"超优"，贯穿其中的逻辑是，现代决策需要超越"正确地做事",实现"做正确的事"。决策理念是针对决策的深入和系统定位,这是对决策本身的决策,在这个过程中,价值决策、共赢决策和战略决策之间内在联系,形成逐步推进的决策理念体系。

► **提炼 7　决策理念＝价值决策 × 共赢决策 × 战略决策**

一、价值决策

在领导决策的视角中,目的是领导实践的根本追求,它考量决策能给社会带来什么样的公共价值,这在领导活动中是第一位的。目的连接领导活动的价值,价值反映人民群众不断变化的、不同层次的现实需求和潜在需求。价值决策坚持更高的追求,更加关注领导活动的目的,更加重视人民群众的幸福感、获得感和安全感,是一种具有"形而上"特点的决策。随着时空的转换,人民群众的优势需求不断变化,领导者可以打开决策的思路、另辟决策的新路,既关注因为什么而决策的决策原因,更关注为了什么而决策的决策目的,做到两个方面的结合。

> 价值反映人民群众不断变化的、不同层次的现实需求和潜在需求。
>
> 随着时空的转换，人民群众的优势需求不断变化，领导者可以打开决策的思路、另辟决策的新路，既关注因为什么而决策的决策原因，更关注为了什么而决策的决策目的，做到两个方面的结合。

一方面，价值决策需要关注因为什么而决策的决策原因。真正高明的决策不是针对问题本身，而是更进一步，针对问题发生的原因，甚至原因的原因作为决策的起点。历史永不僵化、永不停滞，它从不眷顾因循守旧者，需要善于判断和区分长程因素与短程因素，在长程因素决定的发展趋势与短程因素的现实干扰中找到平衡点，价值决策不能局限在克服困难上的优化目标，不能局限在迎接挑战上的优化对策。在设计解决问题的决策方案时，我们通过设计一整套方案，形成一个内在连贯的决策链条，并且巧妙地处理好链条上多个环节之间的关系。比如，达到了第一个目标之后再去追求第二个目标，此时的第一个目标就成了达到第二个目标的台阶，这样可以步步为营，尽可能地减少成本，增大相应的收益。在领导实践中，困难往往与希望同在，挑战总是与机遇并存，价值决策的关键是创造性思维，在困难中发现希望所在，在挑战中发现机遇所在。机遇是事物运行之间偶然凑成的一个稍纵即逝的有利空隙，我们对它不能茫然等待或因循拖延，它向来青睐有准备的头脑，在机遇曙光出现之前，苦苦探索，在机遇窗口开启之时，牢牢把握，这种既克服困难，又抓住机遇并赢得发展的方式，适应了价值决策的要求。

> 历史永不僵化、永不停滞，它从不眷顾因循守旧者，需要善于判断和区分长程因素与短程因素，在长程因素决定的发展趋势与短程因素的现实干扰中找到平衡点，价值决策不能局限在克服困难上的优化目标，不能局限在迎接挑战上的优化对策。

另一方面，价值决策需要关注为了什么而决策的决策目的。价值决策并不认为通常的决策目标是最高的、最重要的，而价值才是最高的、最重要的，它超过一般意义上的决策目标，强调做最好事情的理想愿景。此时，价值决策的重点是追求价值的优化而非决策目标的优化，决策时以价值为统领，千方百计地发现、扩充、利用各种资源，因为资源不是一个固定不变的静态的量，而是一个可以不断开发、不断增长的动态的量，用发展的眼光看待各种资源，使价值决策真正成为可能。价值决策善于抓住焦点、权衡利弊，综合两个或数个看起来相互排斥的决策方案，把它们各自的优势累积起来，形成一个超优的方案。在公共领导过程中，政府广泛采用的购买公共服务，是把政府部门和民营企业的优点综合起来，形成一个既讲公正、又有效率的独特的决策方案，这个方案完全有可能既超过原来政府部门的决策目标，又超过原来民营企业的决策目标。即使对于组织内部优化不起来的决策方案，领导者如果把组织与外部社会联系起来，系统地思考决策问题，也很容易把方案优化起来，这也反映了价值决策的要求。

> 价值决策善于抓住焦点、权衡利弊，综合两个或数个看起来相互排斥的决策方案，把它们各自的优势累积起来，形成一个超优的方案。

二、共赢决策

价值决策兼顾着各方面的需求和利益。在此过程中，它逐步把通常满足某一方需求的单赢决策变为满足利益主体各方需求的共赢决策，这才是价值决策的核心追求。中国历史上墨家学派的创始人墨子在《墨子·兼爱下》中说道："故兼者，圣王之道也，王公大人之所以安也，万民衣食之所以足也，故君子莫若审兼而务行之。"这句话告诉我们，兼爱是圣王的大道，王公大人因此得到安稳，万民衣食因此得到满足。所以，君子最好懂得兼爱的道理并且努力践行它。在社会生活中，财富如水，一杯水，可以独享；一桶水，可以放在家中；一条河，我们务必学习与人分享河水。俗话说，成大业者不吃全鱼。"不吃全鱼"不仅是经商之道，也是领导之道，更是为人之道。领导过程做到权力分散和权力分享，这既可以增大某次行动的成功率，又能够扩大后续事件的成功基础。共赢决策不但需要共建决策的愿景，这是共赢决策的从何而来；而且需要同绘决策的愿景，这是共赢决策的向何而去。

> 领导过程做到权力分散和权力分享，这既可以增大某次行动的成功率，又能够扩大后续事件的成功基础。

首先，共赢决策的从何而来是共建决策愿景的结果。在直面现实的态度基础上，领导者通过调查研究倾听群众心声，兼顾各方利益、兼听各方意见，融合专家智慧，厘清决策面临的基本状况，做到对于现状的胸中有数。在此过程中，领导者要善于询问和聆听，能够清晰地看到组织的共同愿景，建立组织共同愿景的核心工作是设计一个持续不断的流程，以便让

组织中任何职位、任何岗位上的成员都能说出他们最关心的
事情，都能听到别人的真实看法。共建决策愿景只能出现在
对话之中，出现在反思之中，出现在不同观点的整合之中，
出现在不断的沟通和协调之中，经过法定程序后，获得组织
成员的认同，组织愿景来自每个人的愿景，统摄每个人的愿
景；同时，每个人的愿景符合整个组织愿景，也蕴含着整个组
织愿景。

在此过程中，领导者要善于询问和聆听，能够清
晰地看到组织的共同愿景，建立组织共同愿景的核心
工作是设计一个持续不断的流程，以便让组织中任何
职位、任何岗位上的成员都能说出他们最关心的事
情，都能听到别人的真实看法。

其次，共赢决策的向何而去是同绘决策愿景的结果。愿景
给整个组织指明方向，既是对"往哪领"的决策的回答，同
时，又是对"如何导"的用人的回答。从领导创新思维角度来
看，决策行为的主体是内脑加外脑，内脑是领导者的思维，又
包括领导者的左脑思维和右脑思维。在描绘愿景时，右脑思维
强于形象思维和直觉思维，易于形成清晰的画面。同时，借
助左脑，感召他人，当我们心中憧憬着美好的未来，此时的

描绘就是向我们自己和其他人发出呼唤。想象各种可能的情
况，用自己的梦想激发大家的梦想，并把它们描绘成可以观
察的愿景，找到共同的目标。领导者要提升为自己和他人描
绘愿景的能力，明确愿景的过程就是反思过去，关注现在，
然后展望未来。愿景需要有吸引力，吸引所有在其中有利害
关系的人，只有共同的愿景才有魔力使大家能在很长时间内
为之献身。领导者需要响应那些大众化的理想，把那些对共
享愿景有重要意义的事联系起来，把生命注入愿景，让愿景
活起来，并增强成功的信心，诉诸共同理想和激活愿景，这样
人们才能想象出它是什么样子，才愿意为它和独特的未来积极
努力。

> 想象各种可能的情况，用自己的梦想激发大家的梦
> 想，并把它们描绘成可以观察的愿景，找到共同的目标。
> 领导者要提升为自己和他人描绘愿景的能力，明确愿景
> 的过程就是反思过去，关注现在，然后展望未来。

三、战略决策

领导决策过程，是以特定的时间和空间为基础的，需要透
过若干看似孤立的事件，寻求贯穿企业、行业、产业和事业

发展的内在规律，做到时间上特定阶段的超越性和空间上特定地点的超越性。毛泽东说："指挥全局的人，最要紧的，是把自己的注意力摆在照顾战争的全局上面。"①战略决策需要领导者的长远观念和全局观念，这取决于他们更远更广的战略眼光，能够用联系和发展的观点看问题，可以在更广的时空范围内进行抽象思维，同时还能与当前的现实结合，既看到近期效果，也考虑长远影响。在观察和处理实践问题时，领导者不能只看局部，而不重视全局；不能只看到眼前，而不看到长远。一旦领导决策具备前瞻性和全局性，面对重大问题的决策时，就能够登高望远，统揽全局于胸中、放长眼光于未来，懂得为全局和为长远的取与舍，这符合领导活动的深层需求。

> 战略决策需要领导者的长远观念和全局观念，这取决于他们更远更广的战略眼光，能够用联系和发展的观点看问题，可以在更广的时空范围内进行抽象思维，同时还能与当前的现实结合，既看到近期效果，也考虑长远影响。

---

① 《毛泽东选集》第一卷，人民出版社 1991 年版，第 176 页。

一方面，领导决策需要时间上的前瞻性。这是因为决策是领导实践跟未来互动的主要方式。日本企业家孙正义讲述，自己决策一直是从未来的角度进行思考，用未来对现在进行决策。事实证明，这个思维帮助他少走了很多弯路，也让他更为睿智与敏锐。在洞察趋势的基础上，一切领导成果无不以正确的预见为前提，高瞻远瞩的战略远见不但要站位高，而且要定位准，这是战略指导能动性的源泉。从中国共产党的历史来看，遵义会议的召开是有充分准备的，此前红军共召开了三个小会议。第一个是通道会议，这是在湖南通道转兵时开的短短的一两个小时的会议，会上"三人团"准备由通道向北，到湘西与贺龙的红二、六军团会合；毛泽东坚持应该向西，向贵州的遵义进军；周恩来就是从这次会议开始支持毛泽东的，觉得向西进军有道理，但是还没有形成决议。第二个是黎平会议，会议正式决定向西、向遵义、向四川进军。第三个是在贵州瓮安召开的猴场会议。这三个会议都是遵义会议的前奏，形成了遵义会议的铺垫，正是因为有了这些会议，才有了党的历史上发挥了生死攸关转折点作用的遵义会议。战略决策既照顾看得见的眼前利益，更关注看不见的长远利益，既不忽视功在当前、利在当前的事，更重视功在长远、利在长远的事。眼前有利而对长远不利，当舍则舍；长远有利而需要牺牲眼前利益，当取则取。

　　决策是领导实践跟未来互动的主要方式。日本企业家孙正义讲述，自己决策一直是从未来的角度进行思考，用未来对现在进行决策。事实证明，这个思维帮助他少走了很多弯路，也让他更为睿智与敏锐。

　　另一方面，领导决策需要空间上的全局性。这是因为决策是领导实践跟整体互动的主要方式，领导者需要全局视野，在持续观全局的基础上，形成真正的全局观。在战略制定阶段，领导者需要找出影响全局发展的主要因素、关键变量和薄弱环节，据此确定战略布局、主攻方向和关键焦点，力求战略方案科学可行，确保战略方案能够落地，这是面对内外情境变动的战略决策。

　　决策是领导实践跟整体互动的主要方式，领导者需要全局视野，在持续观全局的基础上，形成真正的全局观。

第二节 决策能力

东汉时期的学者应劭在《艺文类聚》中讲了一个"东食西宿"的故事：齐国有个女孩，有两家人同时来求婚，东家的儿子相貌丑陋，但是家财万贯，西家的儿子相貌英俊，但是家徒四壁。女孩的父母不能决定该选择哪一家，就去问女儿想嫁给哪个。女孩不好意思说话，母亲就说，你想嫁哪个就露出哪边的胳膊，结果女孩露出两个胳膊。母亲奇怪地问她原因，女孩说："我想在东家吃饭，在西家住宿。"在东家吃饭在西家住宿，这个决策乍看上去是个笑话，却不失为一种稳健的决策取向。在很多情况下，当一种情况出现时，有些人一个劲地陷入哪个好哪个坏的争论之中，事实上没有这个必要，只要没有明确的二者择一的硬性要求，就不必太早决策。在领导决策过程中，在集思广益和斟酌方案中，适时把握选择机遇，决策能力是综合的，它是厘清呈现事实的判断能力、把握可能走向的推断能力和形成行动方案的决断能力的辩证统一。

提炼 8　决策能力＝判断能力 × 推断能力 × 决断能力

一、判断能力

在领导决策中，应该拓展关注视角，让更多的选项呈现出来，避免"霍布森选择"。1631 年，英国剑桥商人霍布森从事马匹生意，他说，你们买我的马、租我的马，随你的便，价格都便宜。他的马圈大大的、马匹多多的，然而马圈只有一个小门，霍布森只允许人们在又窄又矮的马圈出口处选。高头大马出不去，能出来的都是瘦马、赖马，即便挑来挑去，自以为完成了满意的选择，最后的结果可想而知——只是一个低级的决策结果，其实质是小选择、假选择，它是一个陷阱，后来，管理学家西蒙把这种没有选择余地的所谓"选择"讥讽为"霍布森选择"。科学的决策具备相对的广泛性，应该拓展关注视角，参与的主体可以多一些，也应该多一些，这些主体代表各方面的利益、各方面的情绪和各方面的智慧，并且让各方充分地表达意见，做到群策群力。在决策能力中，判断能力是针对决策情境，从根本上判断事物的总体智慧，厘清呈现事实的能力。

科学的决策具备相对的广泛性，应该拓展关注视角，参与的主体可以多一些，也应该多一些，这些主体代表各方面的利益、各方面的情绪和各方面的智慧，并且让各方充分地表达意见，做到群策群力。在决策能力中，判断能力是针对决策情境，从根本上判断事物的总体智慧，厘清呈现事实的能力。

决策中的判断既包括事实判断，又包括价值判断。领导学上有一句话叫："在听到不同意见之前不做决策。"在决策过程中，"不谋而合"是偶然，"谋而不合"是必然，决策者应该善于听取不同意见，不同意见实质上提出了更多可供选择的方案；不同意见之间各扬其长、互补他短，可使各个方案的利弊得以充分显现；不同意见的争论是一个统一认识的过程，不同意见能够提高决策的可行性。决策是天时、地利与人和诸多因素的配合，这需要总结社会规律，感受时代脉搏，判断是需要领导者通过把我们向来粗浮的脑筋，着实磨炼得细密而且踏实。好的决策肯定是从集中不同意见的正确合理部分做出的，在听取尽可能多的不同意见中决策，这是决策者水平高超的体现。决策的价值判断应该坚持以人民为中心，奉行"先做群众的学生，再做群众的先生"的理念。

决策是天时、地利与人和诸多因素的配合，这需要总结社会规律，感受时代脉搏，判断是需要领导者通过把我们向来粗浮的脑筋，着实磨炼得细密而且踏实。好的决策肯定是从集中不同意见的正确合理部分做出的，在听取尽可能多的不同意见中决策，这是决策者水平高超的体现。

领导决策的判断能力的提升，以调查研究为基础。调查研究是谋事之基、成事之道，没有调查，就没有发言权，更没有决策权。为了下功夫解难题，调查研究务必深入，不能只看"门面"和"窗口"，不看"后院"和"角落"，群众说是"调查研究隔层纸，政策执行隔座山"。在判断能力的提升中，刻舟求剑不行、闭门造车不行、异想天开更不行，必须确保调查研究的全面性，做到调研成果的突出性。

二、推断能力

在领导决策中，应该摆脱就事论事的窠臼，跳出来看待决策问题，从未来怎么样的视角，考虑当下怎么办。约翰·S.谢伟思是抗战后期驻延安美军观察团的负责人，他对毛泽东为什么在共产党人中具有那么高的威望不得其解，后来回忆说：

"我曾问过很多中国共产党的朋友们，毛主席为什么能战胜他的许多敌人，成为众所公认的领袖，他们的答案都是一致的，归根到底，他高瞻远瞩。"高瞻远瞩是多层次思考问题，做到空间上的由小到大与用大看小相结合、时间上的由近到远与用远看近相结合，预先看到前途趋向。周恩来曾说："毛主席下决心要做的事，你可以表示弃权，但不要轻易表示反对。在历史上，有几次，我曾认为主席的决策不对，表示反对，但过一段时间都证明他的决策是对的。以后我就谨慎了，不轻易表示反对了。但后来又有一次，我确信主席错了，我坚决反对，但在以后的实践却又证明是主席对的。"在决策能力中，推断能力是正确地分析事物的历史和现状，在预测的前提下进一步推断可能的发展变化，把握可能走向的能力。

> 在领导决策中，应该摆脱就事论事的窠臼，跳出来看待决策问题，从未来怎么样的视角，考虑当下怎么办。
>
> 在决策能力中，推断能力是正确地分析事物的历史和现状，在预测的前提下进一步推断可能的发展变化，把握可能走向的能力。

现在，让我们把目光放到"跨过鸭绿江"这一影响深远的历史事件中感悟推断能力。中华人民共和国成立不久，满目疮

痪、百废待兴，1950 年 6 月，美帝国主义发动了侵略朝鲜的
战争，并且把战火烧到鸭绿江边，严重威胁我国的安全。敢不
敢出兵、敢不敢和世界头号帝国主义进行直接较量，这是一个
艰难抉择：一旦出兵，我们将面对的是世界上最强大的美帝国
主义；中国人民经过几十年的战争，已经国弱民穷，再也不能
承受战争的消耗，人民也盼望休养生息；同时，也无法预料战
争的后果，美国是否会狗急跳墙，扔原子弹，是否会引起第三
次世界大战？如此困难情况下决定用兵，毛泽东同志表现出的
眼光和胆略令人印象极其深刻，在他的战略视野里，将"跨过
鸭绿江"上升到了一个更高的战略境界。为了新中国更加长久
的安全，这位伟大战略家的视线穿越硝烟弥漫的朝鲜半岛，看
到了比战场得失更加重要的东西，真正奠定了中国在世界上的
大国地位。

　　在领导决策的推断能力的提升上，正如英国陆军元帅伯纳
德·劳·蒙哥马利所说："任何军事或政治领袖，都需要有一
个优秀和忠诚的参谋长，他将审定一切有关的情报，弄清事情
真相，使他的上司不致陷于琐碎的事务中。这样就使这个领袖
或首脑能够总揽全局并抓住重大事情的脉搏。"[1]真正的领导者

---

[1]　[英] 蒙哥马利：《取得领导的道路》(选译本)，中国人民外交学会编译室译，世界知识出版社 1961 年版，第 63 页。

需要考虑如何立足当下，把握未来，围绕"现在是怎样，未来会怎样；未来想怎样，现在该怎样"的思路，这是具备开拓精神的先锋官，逢山开路、遇水搭桥，此时需要多方建言献策，多建睿智之言、多献务实之策。在决策的推断中，"决需要集中，不但人数少，而且次数少，少做决策既提升质量又提高权威；策需要民主，尊重差异甚至创造差异，让领导班子、专家智囊和普通群众尽可能参与，反复征求意见。"①决策必须具有相对的独立性，通过缜密的调查研究发现问题，出谋划策，拿出备选方案，在此基础上进一步加工整合，形成行动方案。

> 真正的领导者需要考虑如何立足当下，把握未来，围绕"现在是怎样，未来会怎样；未来想怎样，现在该怎样"的思路，这是具备开拓精神的先锋官，逢山开路、遇水搭桥，此时需要多方建言献策，多建睿智之言、多献务实之策。

三、决断能力

在领导决策中，在众多可能的方案中，领导者应该做到决

---

① 刘峰：《领导哲学》，国家行政学院出版社 2015 年版，第 4 页。

一断多，"决一"是对未来有前途的下定决心，"断多"是对未来没有前途的坚决放弃，跳开"布里丹选择"。丹麦作家布里丹养了一头小毛驴，他每天要向附近的农民买一堆草料来喂。这天，送草的农民出于对作家的景仰，额外多送了一堆草料放在旁边。这下子，毛驴站在离它距离完全相等的两堆干草之间，纠结着两者的数量、质量和新鲜度等指标，这可为难坏了。此时，它虽然享有充分的选择自由，但是客观上无法分辨两堆干草价值的优劣，于是左看看，右瞅瞅，始终无法分清究竟选择哪一堆好。于是，这头可怜的毛驴就这样站在原地，一会儿考虑数量，一会儿考虑质量，一会儿分析新鲜度，犹犹豫豫，来来回回，在无所适从中活活地饿死了。"布里丹选择"的要害在于追求最优，导致犹豫不定、迟疑不决。表面上，这种思维与行为方式是追求完美。实际上，这是在可能与不可能、可行与不可行之间错误地选择了后者，贻误良机是最大的不完美。在决策能力中，决断能力是准确地做出价值排序，平衡当下与未来，并且满足优势需求，形成行动方案的能力。

> 　　在领导决策中，在众多可能的方案中，领导者应该做到决一断多，"决一"是对未来有前途的下定决心，"断多"是对未来没有前途的坚决放弃，跳开"布里丹选择"。

> 在决策能力中，决断能力是准确地做出价值排序，平衡当下与未来，并且满足优势需求，形成行动方案的能力。

决策过程需要始终降低决策的成本，提高决策的效率。《聊斋志异》中讲述了这样一则故事：两个牧童进深山，入狼窝，发现两只小狼崽。他俩各抱一只分别爬上大树，两树相距数十步，片刻老狼来寻子。一个牧童在树上掐小狼的耳朵，弄得小狼嗷叫连天，老狼闻声奔来，气急败坏地在树下乱抓乱咬。此时，另一棵树上的牧童拧小狼的腿，这只小狼也连声嗷叫，老狼又闻声赶去，不停地奔波于两树之间，终于累得气绝身亡。这只狼之所以累死，原因就在于它企图救回自己的两只狼崽，一只都不想放弃。实际上，只要它守住其中一棵树，用不了多久就能至少救回一只。这只狼之所以累死，是因为它犯了"布里丹选择"中毛驴所犯的错误。更为可悲的是，它不仅在实质上，而且在形式上也完整地再现了这一效应的形成过程。决策者不能茫然等待或因循拖延，要形成冥冥之中的模糊而又坚定的直觉，关键时刻凭借直觉创造性地决策。

> 决策者不能茫然等待或因循拖延，要形成冥冥之中的模糊而又坚定的直觉，关键时刻凭借直觉创造性地决策。

　　在领导决策的决断能力的提升上，邓小平提出："要实现适当的发展速度，不能只在眼前的事务里面打圈子，要用宏观战略的眼光分析问题，拿出具体措施。机会要抓住，决策要及时"①。决策需要具备机遇意识，通过务实与妥协把握现实的机遇，必须归结到拥有最终选择的决断。当断则断、不受其乱，取决于决策者的决断能力，在主意成形的决策高级阶段，这是一个综合的选择过程，务必能够果断决断，它需要一把手下定决心并且付出相应的成本和代价。微观经济学中最常提及的三个成本要素是沉淀成本、边际成本和机会成本，这三者最大的共同点是都与时间有关。其中，沉淀成本决定了人们如何看待过去，边际成本决定了人们如何对待现在，机会成本则决定了人们如何面对未来。时间是我们决策时最宝贵的财富资源，决断在所有决策中处于突出和最终的决定地位，决策失误是领导的最大失误。这是因为，决策成本包括决策过程发生的实际成本和导致的机会成本。当然，决策也是把握机遇的主要方式。

　　　　时间是我们决策时最宝贵的财富资源，决断在所有决策中处于突出和最终的决定地位，决策失误是领

---

① 《邓小平文选》第三卷，人民出版社1993年版，第355页。

导的最大失误。这是因为，决策成本包括决策过程发
生的实际成本和导致的机会成本。当然，决策也是把
握机遇的主要方式。

第三节　决策环境

随着人们思想观念的日益开放、能力水平的不断提升，领
导实践主体发生了变化和泛化，权力来源的拓展使得影响方式
扁平化、影响途径多样化。为此，决策环境的考量更加必要
和重要。詹姆斯·麦格雷戈·伯恩斯慨叹道："在我们所处的时
代中，一个最为普遍的渴望便是对强有力的富有创造性的领导
的渴求。"① 领导者一定要避免陷入"活动陷阱"（Activity Trap），
只顾低头拉车，而不抬头看路，局限于眼前的一点蝇头小利，
导致短期行为，这是决策的大忌。更有甚者，领导决策不可忽
视决策所处的环境，忘记组织主要的目标，通过设计合理的决

---

① ［美］詹姆斯·麦格雷戈·伯恩斯：《领袖》，常健等译，中国人民大学出版
　社 2007 年版，序言第 1 页。

策目标，这直接关系到组织的发展绩效。在领导实践过程中，决策需要从不确定性中把握确定性，在复杂的决策环境中形成清晰判断，在此基础上择机决断。总体来说，决策环境是所有决策影响因素的综合，可以从决策的硬环境、决策的软环境和决策的小环境展开。

> **提炼9 决策环境＝决策的硬环境 × 决策的软环境 ×决策的小环境**

一、决策的硬环境

为了清晰地把握领导决策的形势，需要摒弃"非此即彼"和"非彼即此"的逻辑思维方式，确立"亦此亦彼"和"或此或彼"的辩证思维方式。毛泽东说："我们的同志在困难的时候，要看到成绩，要看到光明，要提高我们的勇气。"[①]企业决策有"SWOT"的分析模型，其中S是优势（Strengths）、W是劣势（Weakness）、O是机遇（Opportunity）、T是挑战（Threats），这个框架具有超越企业层面的哲学价值。决策环境就像一枚硬

----

① 《毛泽东选集》第三卷，人民出版社1991年版，第1005页。

币具有正反两面一样，内在因素的优势和劣势、外在因素的机遇和挑战是相伴而行的，这些内外因素的综合形成了决策的硬环境，领导决策应该做到"针对劣势和挑战需乐观，面对优势和机遇要客观"。

> 决策环境就像一枚硬币具有正反两面一样，内在因素的优势和劣势、外在因素的机遇和挑战是相伴而行的，这些内外因素的综合形成了决策的硬环境，领导决策应该做到"针对劣势和挑战需乐观，面对优势和机遇要客观"。

其一，决策硬环境的优势与劣势。1930 年 1 月 5 日，当井冈山时期的革命处于低潮时，毛泽东却用诗一样的浪漫语言乐观地预言革命高潮的到来："它是站在海岸遥望海中已经看得见桅杆尖头了的一只航船，它是立于高山之巅远看东方已见光芒四射喷薄欲出的一轮朝日，它是躁动于母腹中的快要成熟了的一个婴儿。"① 此时，毛泽东从绝大多数人"红旗到底能打多久"的迷茫中看出"星星之火，可以燎原"的希望。在评判相对静态的组织势态时，组织是有限性与有效性并存的，这需

---

① 《毛泽东选集》第一卷，人民出版社 1991 年版，第 106 页。

要以全局的视野敏锐地感知自身的内部状况，综合把握有利因素和不利方面，既要看到组织关键的优势（Strengths），注重自身已经具备的核心优势，也要看到致命的劣势（Weakness），清醒意识到自身尚且存在的主要劣势。领导者可以站在全局的高度，关注宏观的状况，扬长避短，发扬组织长处避免组织短处；抑或取长补短，取组织外之长补组织内之短。当组织中实际完成工作的人对组织内的上级、平级、下级以及整个社会抱有高度的责任心时，这就形成了现实的优势；同时，当他们具备忧患意识，积极克服形形色色的不足，努力应对组织发展中的挫折甚至失败的风险时，就避免了潜在的劣势。

> 领导者可以站在全局的高度，关注宏观的状况，扬长避短，发扬组织长处避免组织短处；抑或取长补短，取组织外之长补组织内之短。

其二，决策硬环境的机遇与挑战。领导者需要关注外部环境的变化，当隐现无常的领导事件出现时，要具有超越事物发展获取信息并做出预测的超前性，尤其是在非常时期和危急时刻，在把握可能走向的基础上机动应变，掌握领导实践的主动权。在此过程中，领导者根据实践的具体环境，权衡其中的多种要素和多个环节，务必发现相应的机遇（Opportunity），通过在逆境中的积极行动发挥好逆境的激励效果，在清晰把握机遇的前提下，获得潮流奔涌的动能，实现价值追求。在把握领导活动可能机遇的基础上，领导者务必清晰地洞察相应的挑战（Threats），这是时代提出的迫切要求，做到从现状出发回答如何应对变化这个潜在的问题，在大胆出击中不断地迎接挑战并且认真地总结经验，以此获取进一步行动的教益。决策硬环境的重要性毋庸置疑，同时，我们也在不断塑造自己的环境，领导需要借助事物发展变化这把"双刃剑"，在顺境中发现挑战所在，在逆境中发现机遇所在，化挑战为机遇，但更重要的是，紧密地关注未来可能的挑战及其机遇，清晰地判断有限挑战中蕴含着无限机遇的决策硬环境。

> 在把握领导活动可能机遇的基础上，领导者务必清晰地洞察相应的挑战（Threats），这是时代提出的迫切要求，做到从现状出发回答如何应对变化这个潜在的问题，在大胆出击中不断地迎接挑战并且认真地总结经验，以此获取进一步行动的教益。

二、决策的软环境

汉代王符在《潜夫论》中说："大鹏之动，非一羽之轻也；骐骥之速，非一足之力也。"在确定某项选择、做出某种决策时，领导者总是尽可能地激发反对意见，反对意见是刺激想象力的最有效的方法之一，想象力像自来水一样，除非我们打开水龙头，否则，水是不会流出来的，这个想象力的龙头就是激发争辩的反面意见，在被逼之下的争辩和思考尤其如此，从每一个角度去弄清楚确定选择、实施决策到底应该是怎样的。决策过程把目的追求的为什么和结果达成的怎么样结合起来，让顶层设计与基层探索良性互动，既保证决策的稳定性和执行的顺畅性，又促进决策的灵活性和变动性。在不断挖掘决策价值的基础上，形成指导决策活动的深层理念，这些理念沉淀为决策的软环境，领导决策务必做到"务虚前提下的务实，可能基础上的可行"。①

> 决策过程把目的追求的为什么和结果达成的怎么样结合起来，让顶层设计与基层探索良性互动，既保证决策的稳定性和执行的顺畅性，又促进决策的灵活性和变动性。

首先，"策"的阶段要务虚，突出想要的，"决"的阶段要

---

① 刘峰：《领导科学与领导艺术》，高等教育出版社、北京大学出版社 2014 年版，第 174 页。

务实，抓住真要的。一句格言说："如果你感到似乎只有一条路可走，那很可能这条路就是走不通的。"现代决策的权力与责任是对称的，来自外部多个方面的"策"需要获取尽可能多的意见，以此打开决策者的思维空间，让更多的或强或弱联系的备选项呈现出来；同时，内部拥有最终选择权的主体必须承担决策的一切责任。为此，决策主体具备最高的决策权。当我们说"策"要务虚的时候，就是提醒决策的这个阶段务必打开思维空间，通过前瞻后顾的思考，做到区分优劣；当我们说"决"要务实的时候，就是要求决策的这个阶段一定要收缩行为空间，通过左思右想的分析，做到权衡利弊。为此，决策环节需要所有高层和基层管理人员的参与，这更加有利于决策的执行。领导决策需要透过现象直接抓住问题的本质，关键时刻依靠直觉判断和意志支持，它从领导干部中来、到领导干部中去，从领导实践中来、到领导实践中去，在实践中不断丰富和发展领导决策，决策需要既务虚又务实，做到虚实结合。

当我们说"策"要务虚的时候，就是提醒决策的这个阶段务必打开思维空间，通过前瞻后顾的思考，做到区分优劣；当我们说"决"要务实的时候，就是要求决策的这个阶段一定要收缩行为空间，通过左思右想的分析，做到权衡利弊。

其次，"策"的环节寻求可能，"决"的环节寻求即刻实施的可行。在领导决策过程中，"策"重在寻求可能性，通过千里眼、顺风耳广泛接触各方意见，从各种不同意见中抽取合理的成分，这可以启发领导者的思路；当进入"决"的阶段时，它只能追求可行性，从实际可能的情况出发，在考虑大局中学会否定一些方案，然后进行取舍判断，把不可行的方案去掉，落实到明确的行动聚焦。为了使决策进入多方案选择的良性状态，领导者应当同时拥有"来自自我"和"来自他人"的不同意见，条分缕析，拟制多种预案作为备选方案。"策"是开放的、发散的，这有利于预测各种可能性，有利于拟订各种备选方案，有利于调动各方面的积极性和创造性；"决"在选择阶段则是收敛的、聚焦的，在选择定案的时候一定要有明确的价值取向，关注领导活动的目标，没有收敛式、聚焦式的思维就没有办法选择。在很多情况下，机会稍纵即逝，并没有留下足够的时间让我们反复思考，反而要求我们当机立断，"策"需外放寻可能，"决"要内收求可行，做到可能与可行的结合。

> 在很多情况下，机会稍纵即逝，并没有留下足够的时间让我们反复思考，反而要求我们当机立断，"策"需外放寻可能，"决"要内收求可行，做到可能与可行的结合。

三、决策的小环境

美国心理学家佩林成立了一个佩林研究所，专门研究领导者情绪对决策的影响，通过现场访问、对比分析、长期调查发现，许多决策的失误不是因为智力不够造成的，而是因为情绪出现过大的波动，过于低落或者过于高涨造成的。由此得出佩林摆理论：人的情绪像钟摆一样，摆动到最高点，容易看不到事物的真相，认为天下的事都容易；当摆动到最低点时，意志消沉、悲观失望，总是觉得外面的一切都好，觉得自己这也不行那也不行，妄自菲薄，决策也是做不好的；当人的情绪波动不是太大的时候，做决策最好，为了提高决策成功的概率，决策者应该善于将自己的情绪调整到相对稳定、相对正常的状态，只有在情绪正常时，做出的决策才会趋于正确。决策的小环境既包括决策体制，又包括决策的具体程序。

> 为了提高决策成功的概率，决策者应该善于将自己的情绪调整到相对稳定、相对正常的状态，只有在情绪正常时，做出的决策才会趋于正确。

首先，决策体制是决策小环境的重要表现，党委制与行政首长负责制为其主要类型，党委制是党委集体领导与个人分工负责相结合的制度，行政首长负责制是由行政首长及行政主官全权负责的领导制度，两者区别主要体现于三个方面。一是决策主体的不同，党委制是集体领导，决策主体是集体而不是个人，个人无权决定重大问题；行政首长负责制的决策主体是行政首长，拥有决策事项的最后决定权。二是决策层关系的不同，党委制下的党委全体成员平等参与决策，只是分工不同；行政首长负责制下的正职与副职之间是上下级关系，副职向正职负责，接受正职的领导。三是决策原则的不同，党委制是在充分讨论的基础上，严格按照少数服从多数的原则投票表决重大问题；行政首长负责制下的行政首长在决策过程中会征求各方面的意见，但是，最终根据他个人的看法做出决定，其他人必须服从。

其次，决策的程序又是决策小环境的重要体现。全球富有影响力的对冲基金——桥水基金成功的关键在于精英思维模式，这是一种能让最好的想法脱颖而出的决策机制，为了达到有意义的工作（可以让人全情投入的、让人兴奋的工作，并且大家将团队工作当作共同使命，从而达成伟大成果是振奋人心的）和有意义的关系（真正关系彼此的益处，形成一个强大的共同体），它通过极度的真实（不要隐藏自己的想法或疑问，特别是有关问题和弱点方面的信息，因为只有公开谈论这些事情，才能提出有效的处理方法）和极度的透明（让绝大多数人都能看到绝大部分东西，若非如此，就无法在人们对周遭事物形成自己的看法时，满足他们的信息需求）来达成。第一，将自己真实的想法公之于众；第二，提供一些经过深思熟虑的不同意见，进行合理的反复思量，人们将会发展思维，从而提出比自己一个人所能提出的更好的决策；第三，如果仍然存在分歧，大家应达成共识，通过精英思维模式解决。随着时间的推移，这种模式产生了一种良性循环，既加深了大家的关系，又改善了工作。

结　语

在领导发展过程中，无论面对科技创新和社会转型的困惑，还是身处滚石上山和爬坡过坎的困境，都需要培育"思接千载，视通万里"的领导境界。俗话说："圣人无死地，智者无困厄。"圣人不会在意死后有没有地方安身，智者不会感觉到自己的困境，我们由此得到启发，领导决策应该不为外界环境的变化所动，临凶若吉，视死如归，保持"大将风度均从容"

的气度。现代组织身处的"危"中蕴含着"机",危机的深刻内涵是"有危就有机",即"危中有机"与"机中存危"并行,领导者必须善于驾驭危机,让危机的现实副作用最大限度地减少。更进一步的是,让危机的潜在副作用发生转向,推进事物朝着有利的方向发展。为此,我们可以针对决策概括一句话:先处理心情,再处理事情;先全面预测,再深入决策。

现代领导的核心要素不是连续的,而是断续的,它与领导事件相伴随,可以说,领导事件是赢得追随者的重要条件,正是领导事件促成了领导决策的土壤。领导活动的完整过程是目标导向与结果导向的结合,其中,决策力呼应领导活动的目标导向,通过多角度和多维度的决策,在决策理念、决策能力和决策环境的综合中提升决策力,当然,决策力的最终状况需要得到与之匹配的执行力保障,这是领导活动结果导向的必然要求。在适度定位的基础上超前,不失去对未来的希望和信心,敢于以小博大,善于以弱胜强,现代领导决策的过程往往是一次次遭受挫败,一次次力挽狂澜,一次次浴火重生。

当领导者把当今世界的风云变幻看准、看清、看透,他们就可以在权衡利弊中做出最为有利的战略抉择,这不仅可以提高制定决策的质量,而且能够增强执行决策的效果。决策需要做到三气:其一,通天气,决策是分层分步地执行上级意图的过程,需要准确把握和充分体现上层的意图;其二,接地气,离基层越近，离真理越近，我们应该让听得见枪声的人参与决策，这是积极利用基层更加了解现实状况的有利条件；其三，聚人气，决策是充满岔道的征途，直面现实问题需要征求方方面面的意见，决策得到先期的多方参与，既可以增强决策的科学性，又可以提升决策的执行力，相关政策领域的专家的参与可以使决策的科学性增强，决策利益相关群众的参与使得能代表他们利益的声音在决策中得到体现，有利于提高决策的执行力，让决策的科学性体现时代性、把握规律性、富于创造性。

延 伸 学 习

变革领导力学堂

第三章
领导结果导向与执行力

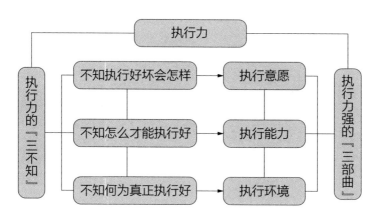

导　言

在领导活动中，既要看付出的丝丝缕缕的"苦劳"，更要看产出的点点滴滴的"功劳"，务必以结果说话，领导过程的每一个环节都是围绕着领导活动的结果导向的。美国名将巴顿在回忆录《我所知道的战争》中写道：巴顿将军每次要提拔人时，都会让他们同时去解决一个问题。一次，他让士兵们在仓库后面挖一条 8 英尺长、3 英尺宽、6 英尺深的战壕，然后他就到仓库的窗户边去观察他们。休息时间，士兵们开始议论，有的人觉得这样大小的战壕太浅，有的人则抱怨自己是军官，不应该干这样的体力活，只有一个士兵说："军令如山，不要去管那个老家伙怎么想的，我们只要遵守纪律、执行命令就可以了！"最后，这个认为军令如山的人被提拔了。在巴顿将军看来，如果军人不服从命令，再有战斗力也不是可塑之才，只有遵守纪律的军人才能将自己的爱国之心付诸行动，用执行的行为实现爱国的作为。战场上必须奉行"军令如山"的宗旨，军令既回答领导活动的目标要求，又保证领导实践的预期结果，坚决而又有效的执行是贯穿其中的决定性环节，领导结果导向仰仗执行力。

> 战场上必须奉行"军令如山"的宗旨，军令既回答领导活动的目标要求，又保证领导实践的预期结果，坚决而又有效的执行是贯穿其中的决定性环节，领导结果导向仰仗执行力。

阿里巴巴资深副总裁彭蕾有一句很著名的话："无论马云的决定是什么，对与错，易与难，不重要。我的任务只有一个，帮助这个决定成为最完美、最正确的决定。"从这句话中，我们可以得到启发，老板的想法无论如何也得实现，对处于执行地位的彭蕾来说，她的任务只有一个，这就是把老板马云的看起来或者异想天开，或者离经叛道的想法变成现实。老板需要的是能够把自己的意愿落地成现实的人，这样的执行层才是老板最信任的，彭蕾号称"阿里政委"，日常就是陪聊天，看团队、送温暖、聊家常，以此调动稀缺的注意力、精力等一切的可能资源。领导的境界再高、胸怀再广、眼界再宽、思想再深，最终还得靠执行，"走在前列"务必与"干在实处"结合起来，执行既是完成个人任务，也是达成组织目标的实践，这是从领导目标到领导结果的实现过程。

> 领导的境界再高、胸怀再广、眼界再宽、思想再深，最终还得靠执行，"走在前列"务必与"干在实处"结合起来，执行既是完成个人任务，也是达成组织目标的实践，这是从领导目标到领导结果的实现过程。

在领导过程中，正确的决策只是良好领导活动的开局，切实的执行才能决定领导活动的结局。也就是说，决策的成功依仗于执行的持续。"不识庐山真面目，只缘身在此山中"揭示出一个道理，我们需要跳出来看问题，超越就执行力论执行力的问题，在领导活动的全过程中看待和对待执行力，导致执行力差的原因集中体现在以下三个方面。其一，不知执行好坏会怎样，当员工不知道执行好的好处和执行不好的坏处时，他们在执行中既容易动力不足，又容易压力不够，难以真正俯下身子积极作为，这涉及的是执行意愿。其二，不知怎么才能执行好，执行既是落实决策，又是检验决策，领导者不能把执行力作为借口，作为责备员工的理由，结果导向要求执行者不但愿意执行，而且能够执行，具备相应的执行素质，这涉及的是执行能力。其三，不知何为真正执行好，执行是在多种因素的综合作用下推进的，面对上级要求、下级需求和自身追求，员工需要清晰地找准结合点，树立强烈的到位意识。众所周知，0.99 的 1000 次方接近于 0，每一个工作环节都差那么一点点，最终的结果会谬以千里，必将质量不高、效率低下，甚至造成严重后果，应该以抓铁有痕、踏石留印的韧劲坚决执行，这涉及的是执行环境。

关于提升执行力的路径，我们先来了解一下荷花定律。在一个荷花池中，第一天开放的荷花只是很少的一部分，第二天开放的数量是第一天的两倍，之后的每一天，荷花都会以前一天两倍的数量开放……假设到第 30 天荷花就开满了整个池塘，那么，在第几天池塘中的荷花开了一半？其实答案是第 29 天而不是第 15 天，这就是著名的荷花定律，也叫 30 天定律。执行力需要厚积薄发，它是执行意愿、执行能力和执行环境三方面因素的综合，为此，我们总结了执行力公式，即"执行力 = 执行意愿 × 执行能力 × 执行环境"。其一，执行意愿，包括洞察意愿、省察意愿和体察意愿。执行务必落实领导战略，既要听话，理解决策意图；又要出活，培养工匠精神，以钉钉子精神一锤接着一锤敲、一茬接着一茬干。其二，执行能力，包括理解能力、分解能力和破解能力。决策做出以后，必须无条件地坚决执行，不可更改，不可商量，想得通要执行，想不通也要执行，在执行中逐步想通，在关键点上出实招，多打歼灭战、少打运动战、不打游击战，把各种有限的资源集中起来，确保好钢用在刀刃上。其三，执行环境，包括执行的硬环境、执行的软环境和执行的小环境。身处瞬息万变的战场，面对稍纵即逝的战机，下达任务前需要告诉执行的结果，这需要一套详细的落地措施和工作流程，探索和积累实用的策略，干出千帆竞发、百舸争流的生动局面，执行环境的变化又会影响到执行意愿的程度。

第一节　执行意愿

在决策执行的过程中，相关方的执行意愿是比较容易被忽视的一个问题，当他们不愿意或者不太愿意执行的时候，执行力的问题相应产生，可以说，执行决策是天经地义的，但是并非自然而然的，执行意愿是执行力的首要因素。在相关方既有能力的边界与全然无法突破的极限之间，依然有广阔的不确定性空间，在很大的程度上，这个空间的开发状况决定着执行力的提升状况，执行意愿决定着执行能力的边界能够推到多远。执行意愿存在于执行过程中各方需求的结合处，尤其面对广泛出现的知识型员工，他们从传统上的被领导者发展为追随者、自我领导者甚至领导者，执行意愿的满足已经上升到更高的要求。美国学者哈罗德·孔茨曾经说："领导就是让部属充满信心、满怀热情地完成组织任务的艺术。"在执行意愿的开发上，洞察意愿理解执行意愿的一般性、省察意愿获取执行意愿的特殊性、体察意愿感知执行意愿的变动性，领导者需要主动地追随追随者，追随他们的优势需求和启发他们的潜在需求，让执行意愿变为发自肺腑的愿意执行。

提炼 10　执行意愿 = 洞察意愿 × 省察意愿 × 体察意愿

一、洞察意愿

在执行过程中，放在更为宏观的时代背景下，洞察意愿理解相关方执行意愿的一般性，把握一定历史阶段中人们需求的普遍状况，这是赢得相关方执行意愿的前提条件。伴随着社会的发展，在个人与目标之间的关系中，不能忽略个体，从个人目标一定要服从组织目标到组织目标必须涵盖个人目标，如果没有涵盖个人目标，个人与组织就不发生关联，此时，领导最重要的事是如何让人在组织中有意义。

> 在个人与目标之间的关系中，不能忽略个体，从个人目标一定要服从组织目标到组织目标必须涵盖个人目标，如果没有涵盖个人目标，个人与组织就不发生关联，此时，领导最重要的事是如何让人在组织中有意义。

个人不仅是组织的"螺丝钉"，且具有鲜明的个体特性、个人气质，领导者如果能够帮助个体发挥其能力，使组织力量最大化，将是组织之幸，亦是领导力的最重要体现。从企业家的角度来看，社会中发展不充分不平衡的矛盾成为市场的痛点，也是市场提供的机会，通过相应的供给解决这个问题成为他们的使命。

要省察这些市场痛点，需要充分关注组织中的个人，让每个人的需求成为组织的需求，进而破解市场需求，充分占领市场，解决难题。

二、省察意愿

在执行过程中，在理解相关方执行意愿一般性的洞察意愿的基础上，通过省察意愿获取执行意愿的特殊性，识别他们当下的优势需求，这是赢得相关方执行意愿的关键所在。詹姆斯·麦格雷戈·伯恩斯说:"改革始终是在变革与交易之间保持平衡——在精神和态度上变革,在过程和结果上交易。"①从中可以看出,在两种基本的领导类型中,交易型领导体现在过程和结果上的交易,变革型领导主要在精神和态度上变革,同时,两者是在交易的基础上变革、在变革的过程中交易的持续过程。领导者可以通过非凡的想象力超越现实的束缚,倾听内心的呼唤,从纷繁复杂的现象中看到背后的本质,是感受未来的"愿景感召者";领导者也可以实践结果为导向,以"一呼"赢得追随者的"百应",让相关方充分地参与到过程之中,是把握当下的"利益追逐者"。在更大的程度上,对精神和态度上的变革发挥主导作用,领导者面临的最大的挑战是理念的创新,拥有自己鲜明和独特的价值观,以此服务于相关方,吸引他们为这种使命感而奋斗,实现交易与变革的持续互动提升。

> 在两种基本的领导类型中,交易型领导体现在过程和结果上的交易,变革型领导主要在精神和态度上变革,同时,两者是在交易的基础上变革、在变革的过程中交易的持续过程。

---

① [美] 詹姆斯·麦格雷戈·伯恩斯:《领袖》,常健等译,中国人民大学出版社 2007 年版,第 236 页。

　　首先，交易型领导是指领导者给下属报酬、晋升或荣誉，下属以服从命令、完成任务等方式作为回报的领导类型。《礼记》有云："礼尚往来，往而不来，非礼也；来而不往，亦非礼也。"此足见礼节、礼仪乃至礼品，与人的社会交往何等密切了。同理，领导过程依然存在着一个礼尚往来的规律，领导者掌握着下属的前程，需要确保下属的长处能够得以充分的发挥，当然不仅是为了把工作做得卓有成效，也是道义上的一种需要；如果领导者只盯着下属的缺点和短处，不仅是愚蠢的，也是一种不负责任的态度。下属的主观能动性会对组织产生巨大的作用，领导者的定位需要改变，员工更是被置于重要的位置，其角色和职责也在发生重大变化，这颠覆了传统的领导力模式。领导者需要公正地给下属提供机会，让各人的聪明才智、健康体魄以及业务灵感能得到充分的发挥，在合理设置职位的同时，也应该让它带有挑战性，有一定的拓展空间，能使下属充分发挥优势和长处，当下属表现优良时给予应得的认可或奖赏，使其获得自我满足感。

　　领导过程依然存在着一个礼尚往来的规律，领导者掌握着下属的前程，需要确保下属的长处能够得以充分的发挥，当然不仅是为了把工作做得卓有成效，也是道义上的一种需要；如果领导者只盯着下属的缺点和短处，不仅是愚蠢的，也是一种不负责任的态度。

其次，变革型领导是指领导者通过激励下属更新观念，看到美好前景激发积极性和创造性，同舟共济，已达达人，把领导者、追随者和领导情境提升到更高的境界，全体成员共同进步，积极引领社会变革。未来战略最大的特征是不断迭代，关键在于怎样保证员工从胜任力转向创造力，组织设计是基于变化的，不断设计角色，让更多人参与到组织绩效中来，借助无为保证下属的创造空间，让下属拥有持续的创造力。阿里巴巴创始人马云以"让天下没有难做的生意"为使命，构建了阿里商业生态系统，推动中国商业文明的发展；小米的创始人雷军坚持"为发烧友制造手机"，小米公司的平台模式更是颠覆了传统的智能手机商业模式。海尔集团董事局主席张瑞敏心怀"让每个人都成为自己的CEO"的梦想推动海尔进行全面变革，打造创业企业孵养平台，把海尔"颠覆"成一个开放式组织，以"世界就是海尔的人力资源部"的情怀在全球整合资源，海尔旗下打造的"海创汇"平台是海尔在互联网时代的开放式创新型孵化器，在全球范围内吸引顶尖人才共创共赢。领导者是追梦者，他们的梦想常人难以理解，甚至遭受非议，但是，他们听从内心的声音，隐忍前行。

> 未来战略最大的特征是不断迭代，关键在于怎样保证员工从胜任力转向创造力，组织设计是基于变化的，不断设计角色，让更多人参与到组织绩效中来，借助无为保证下属的创造空间，让下属拥有持续的创造力。

三、体察意愿

在执行过程中，在理解相关方执行意愿一般性的洞察意愿和获取执行意愿的特殊性的省察意愿之后，尚须通过体察意愿，感知执行意愿的变动性，动态挖掘相关方的潜在需求，努力把握执行意愿的变化所在。毛泽东说："我们是革命战争的领导者、组织者，我们又是群众生活的领导者、组织者。组织革命战争，改良群众生活，这是我们的两大任务。"[①] 在领导过程中，完成领导目标必须建立在改良群众生活的基础上，甚至改良群众生活是最高的领导目标。领导目标的执行需要按照优势互补的原则组建执行团队，并且让执行人员参与到执行方案

---

① 《毛泽东选集》第一卷，人民出版社 1991 年版，第 139 页。

的拟订中去，参与感能够激发他们的热情，即使在执行中遇到困难，也会想办法进行下去，这是锻炼团队的很好方式，让执行者参与到团队目标制定中是提升执行力的关键点。

> 在领导过程中，完成领导目标必须建立在改良群众生活的基础上，甚至改良群众生活是最高的领导目标。

其一，从执行领导决策部署的过程来看，领导者既要注意发挥整个集体的作用，又要注意发挥组织中每个人的作用。让每一个追随者明确组织的发展方向，都能感受到自己是别人不能取代的组织成员，并把它传递给每个员工，让执行者参与团队目标的制定，不但知道做什么，而且知道为什么做，直至知道决策背后的深层价值追求。当代组织的追随者可以在许可的范围内参与决策，直接做许多具体的业务决策，运用实践锻炼的方式，做好成员之间的大部分协调工作，执行既是领导活动的目的和追求，又是对领导活动过程的检验。通过尽可能地让执行人员参与到执行方案的拟订中去，这种参与的过程能够激发他们的热情，进而提升他们的执行意愿，当在执行过程中遇到困难时，他们会更加积极地想办法进行下去，尽职尽责、尽心尽力。在应用场景中，多样性才可以相互促进和成长，领导分权赋能，分享解决问题的智慧，形成共享的氛围。

其二，从改良人民群众生活的角度来看，领导者千万不要让员工和企业博弈，不要让自己和下属博弈，可以设计机制，让下属自己和自己博弈。领导者需要利益兼顾，清晰判断近期、远期和长期的根本利益，给下属挑战和提升的空间，让他们把潜力变成实力，把梦想变成现实。在互联网浪潮下诞生的平台企业试图满足这种需求，其企业经营最为重要的三个核心资源是员工、顾客和供应商，他们的定位和角色都发生了根本性的变化：顾客不再是单纯的产品消费者，而是变成了价值共创者；员工不再是打工者，而是创业者，企业与员工之间的关系变成了创业共赢的关系；供应商不再是原材料的提供者，而是变成了企业多边平台的产业联盟，直接为消费者创造价值。众所周知，以斯坦福大学为中心的硅谷形成了全世界最具活力的创业创新生态系统，更是共享经济和平台企业的发源地，我们耳熟能详的、全球知名的几家平台企业，如苹果（Apple）、谷歌（Google）、优步（Uber）、脸谱（Facebook）等都诞生在这里。无论是群众还是顾客，他们的真实需求的答案永远在第一线，应通过体察意愿的变动性，了解潜在意愿和现实意愿的发展，进而把意愿变成行动，把行动变成结果。

无论是群众还是顾客，他们的真实需求的答案永远在第一线，应通过体察意愿的变动性，了解潜在意愿和现实意愿的发展，进而把意愿变成行动，把行动变成结果。

第二节　执行能力

在决策执行的过程中，相关方的执行能力是务必得到重视的问题，当他们愿意执行而不能执行或者不能有效执行的时候，执行力的问题必然产生，执行能力不是先天具备的，是需要逐步培养的，执行能力是执行力得到保证的基本条件。在相关方已经具备的实力与可以挖掘的潜力之间，普遍存在较大的升值空间，在相当的程度上，这个空间的挖掘力度决定着执行力的提升层次，执行能力左右着执行力的范围能够拓展多大。执行能力蕴藏于执行过程中各方优势的聚焦处，在知识型员工逐渐涌入职场的时候，执行的主动性问题已经迫在眉睫，执行能力的开发务必加大力度并且改进方法。在执行能力的培养上，理解能力重在弄清执行能力的做什么、分解能力着重执行能力的怎么做、破解能力适应执行能力的怎么变，领导者需要倾心培养执行力量，由执行意愿逐渐向执行能力推进，让执行能力成为真正的具备能力的执行。

> **提炼 11　执行能力 = 理解能力 × 分解能力 ×**
> **破解能力**

一、理解能力

在执行过程中，为什么很多人总是抱怨自己的工作忙不完，总是觉得没时间，事实上有些事情至少暂时没有必要去做，甚至根本不用去做。这种普遍存在的现象至少启示我们一点，执行的相关方对于所需执行的决策不但应该知其然，而且需要知其所以然，理解决策背后的为什么，这包括高层的意向所指和基层的民心所向。对于企业家来说，他们需要了解和执行国家的相应政策，知悉和满足顾客的不同需求，做到上层的要求、基层的需求和自身的追求的综合考虑，努力在这三个"求"的结合处寻找主攻方向和突破路径。中国有句俗话："干活不由东，累死也无功。"当我们做事情的时候，一定要按照拥有决定权的"东家"的要求做，这里指相对少数的上级和绝对多数的下级，否则，即使干得再多，也不会得到什么。执行层需要既理解领导的意图，明确执行的方向感，又熟悉群众的意志，提升执行的针对性。为此，领导者需要牢记，对上负责与对下负责从根本上是一致的，对上忠诚可靠，经得起政治考验；对下作风扎实，经得起群众检验。

执行的相关方对于所需执行的决策不但应该知其然，而且需要知其所以然，理解决策背后的为什么，这包括高层的意向所指和基层的民心所向。对于企业家来说，他们需要了解和执行国家的相应政策，知悉和满足顾客的不同需求，做到上层的要求、基层的需求和自身的追求的综合考虑，努力在这三个"求"的结合处寻找主攻方向和突破路径。

心理学家鲍迈斯特因提出"自我损耗"理论，当一个人不得不强制自己做某件事情的时候，投入了大量的精力，他就不愿意或者没有能力，在接踵而来的任务挑战中实现有效的自我控制，此时，他相应的执行功能就会下降。假如你为了能够方便地进行多样化选择，在手机里装了 5 个外卖 APP，这本来是件好事，但你可能由此陷入无所适从的选择中，不知不觉地消耗了很多时间和精力。领导者需要善于预测、分析和把握工作重点，给自己设置限制，让自己集中精力专注于最重要的事情。19 世纪末 20 世纪初，意大利经济学家帕累托发现了二八定律，在任何一组东西中，最重要的只占其中一小部分，约 20%，其余 80%尽管是多数，却是次要的，又成为关键少数法则或者不重要多数法则。依据二八定律，20%最重要事情的价值在所有的工作价值中往往高达 80%，需要花费 80%的时间和资源来做好这些重要的工作，然后将其余 20%的时间和资源分配给其他工作。对于那些次要的事情，即便花费了80%的时间与精力，所能产生的价值与成效也不过 20%。在重点解决那些重要的事情时，一定要懂得留出 20%的时间与资源来做好其他工作，以此来达到执行效果相对完美的平衡。

> 领导者需要善于预测、分析和把握工作重点，给自己设置限制，让自己集中精力专注于最重要的事情。
>
> 在重点解决那些重要的事情时，一定要懂得留出 20%的时间与资源来做好其他工作，以此来达到执行效果相对完美的平衡。

在执行的准备阶段，我们需要针对所需处理的事情加以深度思考，《高效能人士的七个习惯》的作者史蒂芬·柯维提出了著名的"四象限"法则，根据主体的追求和现实的需求，在选择工作事项的时候，成员需要明确这是不是自己面对的最重要的事情，对自己产生的影响是不是最大，或者自己对这件事的需求和期待是不是最大，这件事能够创造的价值和带来的影响是不是最大。按照重要性的重与轻、优先性的急与缓两个维度仔细划分工作，分为"既紧急又重要"、"重要但不紧急"、"紧急但不重要"和"既不紧急也不重要"四个象限。在执行过程中，确立选择标准并且按照重要性排序，在清晰排序的基础上果断取舍，坚持把最重要的事放在最前面，重视重要的工作和先做好那些重要的工作，关注执行中的重要步骤与环节，不那么重要的事情应当往后靠，这是合理的任务分配与安排。

> 按照重要性的重与轻、优先性的急与缓两个维度仔细划分工作，分为"既紧急又重要"、"重要但不紧急"、"紧急但不重要"和"既不紧急也不重要"四个象限。

二、分解能力

在执行过程中，领导者应该审时度势，根据需要解决的问题确定相应的领导目标，一级带着一级干，一级做给一级看，有条不紊地实现目标。沃伦·本尼斯提出:"愿景应该放在一个适当的时间框架内。"①任何目标都是来源于愿景,当我们找到怎么到达那里的方法时,目标就一定是切实可行的。目标是上级和下级一起协商的过程,根据组织的使命确定一定时期内组织的总目标,由此决定上下级的分目标,定期检查项目的完成进度,及时掌握项目的进展情况,方便对下属进行及时的工作指导,以及根据工作计划的异常情况变化及时地调整工作计划,并把这些目标作为组织经营、评估和奖励每个单位和个人贡献的标准。实施目标管理不仅是为了利于员工更加明确高效地工作,更是为领导者对员工实施绩效考核提供了考核目标和考核标准,使考核更加科学化、规范化,更能保证考核的公开、公正与公平。制定目标的过程也是自身能力不断增长的过程,领导者必须和下属一起在不断制定高绩效目标的过程中共同提高绩效能力,完成计划的过程也是对自己执行能力的历练过程。

> 沃伦·本尼斯提出:"愿景应该放在一个适当的时间框架内。"任何目标都是来源于愿景,当我们找到怎么到达那里的方法时,目标就一定是切实可行的。

---

① [美]沃伦·本尼斯、罗伯特·汤森:《重塑领导力》,方海萍等译,中国人民大学出版社 2008 年版,第 41 页。

彼得·德鲁克提出了目标管理的 SMART 原则，其具体内涵是：第一，S（Specific），目标必须是具体的，不是笼统的，用具体的语言清楚地说明所要达成的行为标准，这几乎是所有成功团队的一致特点。第二，M（Measurable），目标必须是可以衡量的，不是难以计量的，从数量、质量、成本、时间、上级或客户的满意程度五个方面进行，应该有一组明确的数据，作为衡量是否达成目标的依据。第三，A（Attainable），目标必须是可以达到的，执行人能够接受的，避免目标过高或过低，可以制定出跳起来"摘桃"的目标，不能制定出跳起来"摘星星"的目标。第四，R（Relevant），目标必须和其他目标具有相关性，工作目标的设定要和岗位职责相关联，并且对实现其他目标具有正向作用。第五，T（Time-bound），目标必须有明确的截止期限，没有时间限制的目标没有办法考核，或者带来考核的不公，这会伤害工作关系和下属的工作热情。无论是制定团队的工作目标还是员工的绩效目标都必须符合上述五个原则。

执行过程需要善于分解领导目标，通常包括纵向时间上的步骤分解和横向空间上的事务分解。一方面，针对领导目标的纵向分解，这需要设计一整套方案，按照计划一步步地完成，在完成目标的过程中，可能会遇到调整，只要保持大方向不变即可，通过纵向分解，巧妙地处理好多个子目标之间的关系，达到了第一个目标之后再去追求第二个目标，此时的第一个目标就成了达到第二个目标的手段，这些手段之间或互有交叉或彼此独立，这样能够得到一个纵向上的"目标链"。另一方面，针对领导目标的横向分解，它是在一段时间内，把围绕同一个目标的不同事务分配给不同的人去完成，兼顾团队成员的"长中之短、短中之长"，通过群策群力，形成"众人拾柴火焰高"的局面，共同促成一定阶段内领导目标的实现。

> 执行过程需要善于分解领导目标，通常包括纵向时间上的步骤分解和横向空间上的事务分解：
>
> 一方面，针对领导目标的纵向分解，这需要设计一整套方案，按照计划一步步地完成；
>
> 另一方面，针对领导目标的横向分解，它是在一段时间内，把围绕同一个目标的不同事务分配给不同的人去完成。

三、破解能力

在特定时间和空间的执行困境中，在符合实际情况和尊重客观规律的基础上，执行方需要从绝望中找到希望，从局限中开创局面。铁人王进喜说："有条件要上，没有条件创造条件也要上。"这是王进喜率领石油工人，为实现"把中国贫油落后帽子甩到太平洋"而喊出的口号，为了抢时间、抓进度，工人们连续奋战，累得筋疲力尽，看到这种情景，王进喜吹哨子、喊口号为工人们打气。在 1205 钻井队的黑板上，写着"石油工人一声吼，地球也要抖三抖。石油工人干劲大，天大困难也不怕"的口号，这喊出了石油工人的坚强意志，极大地调动了他们的积极性。人的思想总是有惰性的，习惯于从同一个角度思考不同的问题，用同一个方法解决不同的问题，这导致无法把握问题的症结，也就无法从根本上解决这些问题。伟大人物之所以伟大，就在于能在关键时刻和关键节点上，勇敢而机智地抓住机会，改变处境乃至改变历史，条件是自己创造的，困境是自己破解的。

> 人的思想总是有惰性的，习惯于从同一个角度思考不同的问题，用同一个方法解决不同的问题，这导致无法把握问题的症结，也就无法从根本上解决这些问题。
>
> 伟大人物之所以伟大，就在于能在关键时刻和关键节点上，勇敢而机智地抓住机会，改变处境乃至改变历史，条件是自己创造的，困境是自己破解的。

在执行决策的过程中，核心使命就是以执行落实决策，以结果对接目标。刘强东曾对下属说："我请你来，不是证明我的决策是错误的，我请你来是把我的决策落实到位、执行到位，如果有困难，你要想办法如何解决。"创造性执行是领导活动实现与时俱进的客观要求，它可以解决实际问题的流程和策略，提高效率和效果，积淀适合于自己的经验。湘军的创立者和统帅曾国藩打仗不走捷径，湘军每到一处便安营扎寨，将进攻任务变成防守任务，一点点地蚕食着太平天国控制的区域，这便是"结硬寨"；湘军攻城不是两三个月，而是经常性地用时整年，通过挖壕沟围城、断敌粮道、断敌补给，必要时进行围敌打援，虽然方法很笨，但是非常有效，这就是"打呆仗"。在方向不明的情况下，执行过程中需要做到多请示、多报告；当方向明确时，执行过程中可以少请示、多报告。任何知识的掌握都不是能够一次性完成的，真正形成对一个领域的直觉和洞察一定依赖于数年的持之以恒，来自于长期的坚持不懈，在解决复杂困难的问题后依然需要深刻反思、不断验证，所有的横空出世都不过是厚积薄发。

> 刘强东曾对下属说："我请你来，不是证明我的决策是错误的，我请你来是把我的决策落实到位、执行到位，如果有困难，你要想办法如何解决。"

　　创造性执行是领导活动实现与时俱进的客观要求，它可以解决实际问题的流程和策略，提高效率和效果，积淀适合于自己的经验。

　　《把信送给加西亚》一书，主要讲述了在19世纪美西战争中，一个"把信送给加西亚"的传奇故事，美方有一封具有战略意义的书信，急需送到古巴盟军将领加西亚的手中，可是加西亚正在丛林作战，没人知道他在什么地方。挺身而出的一名年轻中尉——安德鲁·罗文，没有任何推诿，不讲任何条件，历尽艰险，徒步三周后，走过危机四伏的国家，以其绝对的忠诚、责任感和创造奇迹的主动性完成了这件"不可能的任务"，把信交给了加西亚。安德鲁·罗文展现了超强的破解能力，在不知加西亚在什么地方的情况下，并没有问"为什么、在哪里、怎么做、如何去"等问题，而是靠自己的努力，经历多次生和死的考验，最终完成了任务。这里存在着"避雷针效应"，在高大的建筑物顶端安装一个金属棒，用金属线与埋在地下的一块金属板连接起来，利用金属棒的尖端放电，使云层中所带的电和地上的电逐渐中和，从而保护建筑物等避免雷击。在破解困境的时候，领导者要多解决民众关注的焦点，个人时常调节自己的心理问题并且矫正自己的情绪。执行过程中的破解能力是很重要的，这是因为执行过程不仅是完成事，体现领导的有效性；而且是培养人，保持领导的持续性。

在破解困境的时候，领导者要多解决民众关注的焦点，个人时常调节自己的心理问题并且矫正自己的情绪。执行过程中的破解能力是很重要的，这是因为执行过程不仅是完成事，体现领导的有效性；而且是培养人，保持领导的持续性。

第三节　执行环境

在决策执行的过程中，执行环境是执行实践的具体场域，当执行环境不能促进甚至阻碍有效执行的时候，执行力的困境必将出现，执行环境有其先天自然生成的基础，这是在长期实践中形成的，执行环境是解决执行力的根本举措。在执行环境既有的各种因素和可能的影响环节之间，依然存在诸多的不确定性，这正好创造了后天有目的并且有意识的积极作为空间，这些空间左右着执行力的实际状况，执行环境最终决定着执行力能够多大幅度地提升。执行环境形成于执行过程中所有参与方的集合体，领导者务必超越就执行环境论执行环境的束缚，在社会发展的广阔舞台上分析执行环境，这需要更加开阔的视野和更加清晰的思路。在执行环境的营造上，执行的硬环境重在执行环境的刚性规定、执行的软环境着力执行环境的柔性渗透、执行的小环境指引执行环境的关键程序，领导者可以耐心地看待并且积极地对待执行环境，让执行环境成为执行力的适宜土壤。

 提炼 12　执行环境＝执行的硬环境 × 执行的软环境 × 执行的小环境

一、执行的硬环境

任何一项决策要想能够坚定不移地执行，达到"军令如山倒、底线如死期"的强大功效，务必具有"奖勤罚懒、奖优罚劣"的刚性制度环境。兵圣孙武在《孙子兵法·计篇》中说："将听吾计，用之必胜，留之；将不听吾计，用之必败，去之。"公正是人类社会发展进步的保证和目标，可以使一个人最大限度地释放自己的能量，公正规则的遵守是每个人都要履行的义务，反之，不公正是对心灵的一种践踏和对社会的一种罪行。只有执行过程中的规则明确，才可以奖罚分明，执行决策不但要有严格的奖罚规则，而且需要执行奖罚规则的坚决措施，规则必须与执行力相伴随，否则，它就会形同虚设。坚定地用"决策目标"衡量整个过程中的一切环节，防止目标腐蚀，抛开"具体问题具体分析"的思维习惯，建立一套完善的监督稽核体系，在此基础上加以责任与制约，这是执行力一致的基础。

> 坚定地用"决策目标"衡量整个过程中的一切环节，防止目标腐蚀，抛开"具体问题具体分析"的思维习惯，建立一套完善的监督稽核体系，在此基础上加以责任与制约，这是执行力一致的基础。

春秋时期，吴王阖闾看了《孙子兵法》以后，为了检验孙武的军事才能，让孙武按照兵法训练宫中的 180 名宫女，孙武把宫女们编成两队，让吴王最宠爱的两位妃子担任队长，孙武讲完操练要领和纪律后，喊口令让宫女们进行演练，可是他刚一喊口令，宫女们嘻嘻哈哈地笑了起来。孙武说："约束不明，口令不熟，理应由将帅负责。"于是他重新作了说明，然后又击鼓，发出命令，宫女们再一次哄笑起来。孙武说："纪律和动作要领已经讲解清楚，仍旧不听从命令，这就是故意违反军纪，队长带头违反军纪，应按军法处置。"于是孙武命人把两个队长抓起来砍头以示惩戒，又指定另外两位妃子任队长，继续操练，这一次，所有宫女都服从命令，而且严肃认真，举手投足都合乎要求。孙武对吴王说："令行禁止、赏罚分明，这是兵家常法，为将治军的通则，只有三军遵纪守法，听从号令，才能赴汤蹈火、克敌制胜。"后来，吴国军队在孙武的严格训练下，战斗力非常强，向西大败楚国，进入楚国都城郢，向北对齐国、晋国展示兵威，在诸侯间声威大震，使吴国在当时威名远扬。在执行过程中，奖罚规则在有令必行、有禁必止中发挥重要作用，规则不但需要明确下来，而且需要运行起来，让相关方能看得见、摸得着，按照规则要求相应地调整行为。

> 在执行过程中，奖罚规则在有令必行、有禁必止中发挥重要作用，规则不但需要明确下来，而且需要运行起来，让相关方能看得见、摸得着，按照规则要求相应地调整行为。

二、执行的软环境

在执行过程之前的决策环节可以多方参与，让相关方从初步了解到深入理解该项决策，这为决策形成之后的自觉自愿的执行奠定了基础。美国前国务卿科林·鲍威尔说："当我们争论一个问题时，忠诚意味着你把你真实的想法告诉我，不管你认为我是否喜欢它，意见是否一致。但是一旦作出了决定，争论终止，忠诚意味着按照决定去执行，就像执行自己的决定一样。"决策的民主过程让决策沉浸在不同的观点和视角中，从多个角度、多个偏好打开思维的空间，听取更多的意见、形成更好的智慧、获取更大的力量。如果执行的氛围不好，好的员工也能快速地变坏，通过培养忠诚的氛围，让消极的员工变得积极，在团队内树立正能量，这是良好的执行软环境，它确保执行力的持续提升。

> 美国前国务卿科林·鲍威尔说："当我们争论一个问题时，忠诚意味着你把你真实的想法告诉我，不管你认为我是否喜欢它，意见是否一致。但是一旦作出了决定，争论终止，忠诚意味着按照决定去执行，就像执行自己的决定一样。"

在执行的软环境中，有一个号称世界第八大奇迹的复利的规律在起着惊人的作用，它的内在逻辑是：做事情 A，会导致结果 B；而结果 B，又会反过来加强 A，不断循环以至无穷。

有一个流传久远的故事,一位大臣的伟大行为拯救了苏丹的帝国,这位苏丹对他感恩戴德,希望好好地奖励这位功勋卓著的大臣,大臣谦逊地回答,我只愿意接受这样的奖励,在西洋棋盘的第一格放一粒小麦,第二格放两粒小麦,第三格放四粒小麦,第四格放八粒小麦……依次类推,把64个格子放满就行。苏丹以为这是一个简单的要求,立刻就同意了。令人震惊的是,苏丹并不能认识到复利可怕的力量,任何东西连续加倍64次,都会变为天文数字,经过复利的计算,如此放置小麦的总价值比整个帝国所有财富加起来还要多。

自然界中有个竹子定律:竹子用4年时间,仅仅长了3厘米,然而,从第5年开始,它以每天30厘米的速度疯狂地生长着,一路攀升。因此,仅仅用了6周就长到了15米,成为一支成竹。其实,在前面的4年,竹子将根在土壤里延伸了数百平方米。在取得成就的过程中,有多少人能熬过那3厘米?此时此刻的付出看不到回报,因为主要的付出都是为了深深地扎根,通过不断地储备积蓄能量,只有厚积方可薄发。正如股神巴菲特所说:"人生就像滚雪球,关键是要找到足够湿的雪和足够长的坡。"当我们找准了方向,简单的事情重复做,重复做的事情认真做,就可能产生难以估计的奇迹。真正的智者追求稳健增长,更看重长期性,而不是短时间的回报率,那些数十年如一日坚持阅读的人、坚持锻炼的人等，即使他们做的事情很平凡，这种始终如一的坚持定会产生出奇的效果。

> 正如股神巴菲特所说："人生就像滚雪球，关键是要找到足够湿的雪和足够长的坡。"当我们找准了方向，简单的事情重复做，重复做的事情认真做，就可能产生难以估计的奇迹。

三、执行的小环境

在执行过程中，具体的小环境是最接地气的环节，它对执行结果发生着看起来微不足道，实际上举足轻重的影响。中国儒家经典《大学》中说："物有本末，事有终始。知所先后，则近道矣。"它揭示出每样东西都有根本有枝末，每件事情都有开始有终结，明白了这本末始终的道理，就接近事物发展的规律了。在执行决策时，各类决策一定有最关键的地方，一定是可以量化的，如果制定的目标没有办法衡量，就无法判断这个目标是否实现。给员工设定的绩效目标需要非常清晰，能量化才叫清晰，这使执行方知道当他做了什么之后，一定能够得到相应的评价或者晋升，为此，需要按照以终为始的逻辑，根据最终执行效果设置相应的流程，这些都是执行的小环境。

在执行决策时，各类决策一定有最关键的地方，一定是可以量化的，如果制定的目标没有办法衡量，就无法判断这个目标是否实现。

设计具体的执行目标需要按照三个步骤：能量化的尽量量化；不能量化的尽量细化；不能细化的尽量流程化。第一，能量化的尽量量化。比如能够以时间、次数、人数等统一标尺衡量的，杜绝在目标设置中使用形容词等概念。难的是那些比较笼统很难量化的工作，可以通过目标转化的方式来实现量化，目标转化让模糊的目标可以量化。第二，不能量化的尽量细化，将目标细化成分目标后再衡量。比如一些职能部门工作繁杂琐碎，不好量化，而且量化了也不一定做到全面而客观。碰到这种情况，我们可以采取目标细化的方式，盘点该职位承担的关键职责，然后运用合适的指标进行量化。第三，不能细化的尽量流程化。比如职能部门有些岗位的工作比较单一，往往一项工作做到底，这种工作用量化、细化都无法准确衡量其价值，可以将完成目标的工作进行流程化，通过流程化使目标可以衡量，针对每个流程，从中寻找出可以考核的指标，再从多个维度加以衡量。

设计具体的执行目标需要按照三个步骤：

第一，能量化的尽量量化；

第二，不能量化的尽量细化；

第三，不能细化的尽量流程化。

伴随着互联网技术的革命，中国政务系统正在走向现代化，尊重基层首创精神、鼓励基层探索创新，这是政务实践的必然要求。浙江政府在没有伤筋动骨的情况下悄悄完成了一场自我革命，省里一声令下，省委办厅局机关和全省 11 个地市全部接入"浙政钉"，这是一个集即时消息、短信、语音、视频于一体的即时通信平台，省、市、县、乡、村五级机构在上边实现在线联动，这个系统覆盖了浙江一百万人的公职人员，把整个政府治理拉到线上来，试图打破层级之间、部门之间、地域之间的沟壑与距离，这场实验叫作扁平化。诸如外出招商引资审批、财务经费申报审批、加密通信、阅后即焚、电话会议、视频会议、公文传阅、应急处置、发布通知等，都只在掌寸之间，信息从慢走向快，信息从失真走向准确，减少了信息不对称和信息时间差，提升了执行力，产生的社会效益不可估量。2018 年 7 月，台风"玛莉亚"来势汹汹，衢州收到了浙江省防范台风的明传电报，市委书记和市长加上批示意见后，拍照上传到掌上办公软件"浙政钉"，一秒钟就传达到了所有相关的镇干部、村干部，与以往相比，这简直是神一般的速度。雄安新区的标志性一期工程——雄安市民服务中心，采用了智能移动办公平台钉钉软件硬件一体化的解决方案，这助力雄安打造全球领先的数字城市，在这个千年大计工程中，执行小环境对政务发展的影响势必会撬动更深入的改革，甚至改变今日中国。

> 伴随着互联网技术的革命，中国政务系统正在走向现代化，尊重基层首创精神、鼓励基层探索创新，这是政务实践的必然要求。

结　语

领导一定是实践活动，在目标导向的前提下，务必坚持结果导向与之呼应，执行力需要不断摸索，不是一朝一夕就能提升的，这是一个孜孜以求的过程。著名思想家胡适说："这个世界聪明人太多，肯下笨功夫的人太少，所以成功者只是少数人。"执行力可以是"好脑袋"与"笨功夫"的结合，在"好脑袋"把握规律的前提下，制定富有挑战性的目标，并且不断地投入"笨功夫"，合理规划时间，集中精力做好基本过程和关键环节，做到执行意愿、执行能力和执行环境的结合。

执行力是执行意愿、执行能力和执行环境的综合作用，它的提升务必做到三者的综合。其一，在执行意愿上，无论对上对下追求执着，做到洞察意愿、省察意愿和体察意愿的配合，执行力的症结在于产生动力，执行意愿是动力的源泉。郑板桥在《竹石》中写道："咬定青山不放松，立根原在破岩中。"其二，在执行能力上，无论对左对右力求执手，做到理解能力、分解能力和破解能力的配合，执行力的关键在于形成能力，《诗经》中有一句"死生契阔，与子成说。执子之手，与子偕老"。一同生死永不分离，我们早已立下誓言，我愿与你的双手交相执握，伴着你一起垂垂老去。这并非是一首爱情诗，而是描写了战士们在上战场之前，抒发同甘共苦的兄弟情谊。执行团队之间需要以善意揣测别人的行为，做到相互之间的补台不拆台。其三，在执行环境上，无论对内对外务必执法，做到执行的硬环境、执行的软环境和执行的小环境的配合，执行力的持续在于借助环境，不确定的状态极易受到外界环境变化的影响，执行过程中日常存修为、无处不智慧。

苏轼在《题西林壁》中写道："横看成岭侧成峰，远近高低各不同。不识庐山真面目，只缘身在此山中。"对于执行力

而言，我们需要"跳出执行看执行，跳进执行干执行"。正如
"在战争中学习战争，在游泳中学习游泳"一样，执行力的提
升只能在实践过程中，在人们的日常生活中，在实践中感知
它，在落细、落小、落实上下功夫。这要求既注重顶层设计、
科学部署，又善于求真务实地指导和推动各领域实际工作，这
不但是领导世界观，而且是领导方法论。

延 伸 学 习

变革领导力学堂

第四章

领导用人与激励艺术

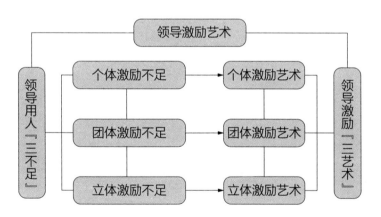

导　言

　　现代社会分工要求专业的人做专业的事。在领导过程中，决策围绕着做什么展开。相应地，领导用人围绕着"谁去做"把握。通过领导的用人队伍打造推动领导决策事务完成。可以说，领导用人处于领导活动的核心地位。领导者务必从曾经的"优秀的运动员"转变为"卓越的教练员"，关注领导用人，并且把培养人作为贯穿领导活动始终的一条主线，进而，从运动员必须关注的"个人绩效"转变到教练员务必注重的"团队绩效"。这里存在着一个显而易见的道理，即使领导者自己浑身是铁，又能打几根钉子？为此，领导者务必培养团队意识，锻炼团队合作。在领导如何整体性地认识人和个性化地对待人的视野中，人不是成本，而是资本，更是根本。领导用人不但需要满足人自身的需要，而且需要适应社会的发展。对于领导者而言，用人水平高低是其成熟与否的主要标志。

> 　　在领导如何整体性地认识人和个性化地对待人的视野中，人不是成本，而是资本，更是根本。
>
> 　　领导用人不但需要满足人自身的需要，而且需要适应社会的发展。对于领导者而言，用人水平高低是其成熟与否的主要标志。

　　毛泽东说："政治路线确定之后，干部就是决定的因素。因此，有计划地培养大批的新干部，就是我们的战斗任务。"[①]领导用人的内涵是相当广泛的，既包括打铁还须自身硬的"用本人"，又包括上阵还要父子兵的"用他人"，将"用己"和"用人"结合起来，把促进人的自由而全面地发展作为评价领导活动得失成败的根本标准。在领导用人的过程中，其根本点在于培养人，通过不断地培养人，使传统意义上完全被动的"被领导者"，逐步成为当下自觉自愿的"追随者"，再发展为更有主动意识的"自我领导者"，最后提升到具备主导能力的完全意义上的"领导者"。领导者需要导师的意识和行为，培养领导者是领导的根本出发点和最终落脚点，这个过程促成了自我价值与社会价值实现的统一，既具有必要性，又具有可能性，更加具有推动实践的现实性，领导用人要既做到静态的用人所

---

① 《毛泽东选集》第二卷，人民出版社 1991 年版，第 526 页。

长，又做到动态的增人所长，通过培养形成人才辈出的局面。

　　　　领导用人的内涵是相当广泛的，既包括打铁还须自身硬的"用本人"，又包括上阵还要父子兵的"用他人"，将"用己"和"用人"结合起来，把促进人的自由而全面地发展作为评价领导活动得失成败的根本标准。

　　在现代领导过程中，传统领导模式容易扼杀知识型员工的创造力，通常面临着这样的困境："自己事情做不完？员工背后有闲谈？领导时而略嫌烦？"领导者自己大包大揽多种事务，劳心费力；下级员工难以避免有不同的看法，不太认同；高层时不时也会表现出不满意，时常批评。领导用人的不够突出地表现在三个方面：其一，在传统的领导方式下，个人难以得到足够的重视，参与热情不高，无法保证全心全意地投入工作，个体激励的程度不够；其二，在通常情况下，传统的领导方式没有激发普通个人的创造性和归属感，凝聚成战斗的集体，团体激励的程度不够；其三，传统的领导方式崇尚个人英雄主义，通常忽视领导者的梯队培养，难以有效地创造代际更替条件，立体激励的程度不够。领导者不能孤单地待在高处，需要给社会培养人才，人才既来自社会，又服务社会，其主要功绩不是赢过多少人，而是帮过多少人，帮人既在一时一事，更在一生一世。在领导用人过程中，培养人的主要途径在于激励，通过"激"反映参与各方的需求，通过"励"体现参与各方的价值，依靠激励让人的潜能转化为显能。

中国有一句俗话："火车跑得快，全靠车头带。"可是在科学技术飞速发展的现代，我们面临的状况是："全靠车头带，火车跑不快。"为此，铁路运输开始使用动力分散型机车，形成的解决方案是"火车跑得快，不仅车头带"。在现代社会中，发挥每个人的作用成为一种必然选择，这是因为人的需求正在由外求变成内求，外求即求关系、求渠道、求资源，内求即坦诚面对自己内心最真实的一面，激发兴趣、热情和理想。针对领导用人三个方面的不足，我们提出领导激励艺术的三条提升路径：领导激励艺术 = 个体激励艺术 × 团体激励艺术 × 立体激励艺术，通过挖掘、满足人的现实和潜在需求，将激励个体、激励团体与激励立体结合起来。领导者应该是一个教练，领导者的职责是培养下属，一方面这能够产生工作绩效，更重要的是，领导者能够让自己有更多的时间和空间去处理更为重要的事情。让我们看看美国通用电气 GE 选拔接班人的做法，杰克·韦尔奇花了 10 年的时间，为 GE 培养未来的 CEO；而更有价值的是，所有的 1000 位候选者，在选拔的过程中都得到了全面的提升，虽说最后只有一个人成为 CEO，但是有

1000 人得到了培养，这 1000 人所积聚的能量，对于 GE 而言，就使持续 10 年的核心能力得以传播。在现代领导实践中，领导者必须奉行"下级有功我才有功，下级无功我定有过"的理念，超越不知或者不愿培养下属的局限性，不但激励自我，而且激励他人，形成相互激励的氛围，从领导者个体的"一个干"到群体的"一起干"。

第一节　个体激励艺术

这里有一个寓言：一条蛇进入了一家木工店，它爬到角落时穿过锯子，被锯子伤了一点，它本能地转过身咬住锯子，又把嘴弄伤了，它又本能地以为受伤是因为受到了锯子的攻击，它决定用自己的整个身体缠住锯子，使锯子窒息，因此，它用尽了所有的力量……不幸的是，蛇最终被锯子锯死了！诸如愤怒、悲伤等负面情绪解决不了任何问题，甚至会把自己带进万劫不复的深渊。在社会生活中，我们不要一受到伤害就本能地认为都是别人造成的，其实伤害自己的正是本能的弱点。人是最基本的力量源泉，了解他们的需要，包括先天需要和后天需要，更重要的是，在社会发展提供的特定条件下激发和引导他们的相应需要。领导的关键已经从控制发展到赋能，"赋"能而非"负"能，赋予正能量而不是带来负能量，通过为每一个成员创造一个释放的平台，不同人的创造力不断地激活，当它由内而外地散发阳光时，个人的创造性就会迸发出来。在个体激励过程中，信任激励着重从领导者的角度而言，自我激励着重从追随者的角度而言，心行激励则是在领导者与追随者之间，将投入领导活动的"心"与推动领导发展的"行"结合起来，它们形成了个体激励艺术。

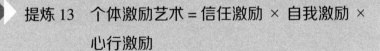

提炼 13　个体激励艺术＝信任激励 × 自我激励 × 心行激励

一、信任激励的个体激励

在领导过程中，信任既是理念上相互认同的基础，也是行动上密切配合的前提。秦朝末年的黄石公在号称"中国谋略第一书"的《素书》中说："自疑不信人，自信不疑人。枉士无正友，曲上无直下。"这句话揭示了社会生活中的一条规律，对自己都疑神疑鬼的人是绝不会相信别人的，相信自己的人也是绝不会轻易怀疑别人的；同样地，邪恶之人必然没有正直的朋友，邪僻的上司必然没有公正刚直的下属。领导者最不应该具有的气质就是多疑，多疑势必导致对别人的猜忌，猜忌往往会伤害别人，进而导致关系疏远，队伍涣散。一旦领导者光明磊落，就会对下属拥有充分的信任，激发下属的创造性，这是因为，信任既是更高层次的一种尊重方式，又是更大程度的一种激励方式。在做人事方面的决策时，领导者重点考虑的是个人的突出特点，积极寻找他的长处，并且创造条件充分地发挥他的长处。

> 领导者最不应该具有的气质就是多疑，多疑势必导致对别人的猜忌，猜忌往往会伤害别人，进而导致关系疏远，队伍涣散。

汉高祖刘邦曾这样总结自己的成功经验："夫运筹策帷幄之中，决胜于千里之外，吾不如子房。镇国家，抚百姓，给馈饷，不绝粮道，吾不如萧何。连百万之军，战必胜，攻必取，吾不如韩信。此三者，皆人杰也，吾能用之，此吾所以取天下者也。"诸位大臣对此很为信服，汉高祖对人才的重用是中国帝王中的典范，张良、萧何和韩信是著名的"汉初三杰"：张良是杰出的战略家和政治家，不仅能够制定正确的战略，而且通过自身的政治活动实现这些战略；萧何是杰出的政治家，其治理协调才能堪称一流；韩信是当时杰出的军事家，"韩信将兵，多多益善"，保证军事战争的胜利。刘邦能够知人善任，在这个很为完美的组合中，发挥他们各自的长处，并且越用越长，这是动态的培养。领导者的成长是组织培养和个人努力的持续结合过程，其中，组织培养是外因，创造锻炼的平台，个人努力是内因，追求发展的机会，外因通过内因起作用，组织培养务必得到个人努力的支撑。在年轻干部的成长过程中，放手使用是最大的信任，是最大的激励，也是最好的培养方式，这里需要特别强调的是，放手使用不代表撒手不管，必须坚持严管与厚爱、培养与选拔的原则，在严管中厚爱、在厚爱中严管，在培养中选拔、在选拔中培养。

> 汉高祖刘邦曾这样总结自己的成功经验："夫运筹策帷幄之中，决胜于千里之外，吾不如子房。镇国家，抚百姓，给馈饷，不绝粮道，吾不如萧何。连百万之军，战必胜，攻必取，吾不如韩信。此三者，皆人杰也，吾能用之，此吾所以取天下者也。"

在企业领导中，为了释放每一个员工的活力，把他们的创新能力发挥到极致，海尔打造了互联网时代的平台企业管理模式，这是一个无边界的开放式创业生态网络，它以用户为中心，形成人单合一，其中，"人"就是员工，"单"就是用户，"合一"就是把内部员工和外部用户连接起来。在资源上，海尔需要从"依靠企业自身资源求发展"转变为"整合全球一流资源求发展"；在人才上，海尔需要从"激励打工者"转变为"赋能创业者"。海尔的开放式创新模式将研发人员变成一个一个资源接口人员，通过他们接口全球的资源，原来的一千多个研发人员变成了现在的一千多个资源接口，他们利用海尔建立的交互创新信息平台，已经在全球成功地对接了一流资源。此时，领导者的角色被界定为"资源接口人"和"创智赋能者"，以"成就他人"为责任，以"创智赋能"来滋润员工的心智，这是信任激励的体现。

二、自我激励的个体激励

在信任激励的前提下，自我激励是积极的回应，激励自己是领导者的重要特征，优秀的人一定是善于自我激励的人，或者说，只有善于自我激励的人，才可能优秀。清朝诗人袁枚在一首小诗《苔》中说："白日不到处，青春恰自来。苔花如米小，也学牡丹开。"在一个见不着阳光的如此不宜生命成长的地方，可是苔藓却凭着旺盛的生命力突破环境的重重窒碍，焕发青春的光彩，像那美丽高贵的牡丹一样，自豪地盛开。由苔藓联想到人，如果只靠别人的鼓励才能发光，最多算个灯泡，只有成为发动机，才能影响其他人，在身处重重压力的情况下，领导者必须自我激励，不断突破自己的边界，由量变达到质变并不断成长。

　　　　清朝诗人袁枚在一首小诗《苔》中说："白日不到处，青春恰自来。苔花如米小，也学牡丹开。"

　　　　在身处重重压力的情况下，领导者必须自我激励，不断突破自己的边界，由量变达到质变并不断成长。

　　这里有一个可以给我们以深刻启发的小和尚卖石头的故事，只有不给自己设限，不制造人为的"天花板"，人生才会有更多的可能性。有一天，一个小和尚跑过来，请教禅师："师父，我人生最大的价值是什么呢？"禅师说："你到后花园去搬一块大石头，拿到菜市场上去卖，假如有人问价，你不要讲话，只伸出两个手指头；假如他跟你还价，你不要卖，抱回来，师父告诉你，你人生最大的价值是什么。"在菜市场，有人以20元要买石头。随后，禅师又让小和尚把石头搬到博物馆和古董店里，同样伸出两个手指头，得到的回应分别是2000元和20万元，小和尚的困惑越来越深，他再去请教禅师。禅师摸摸小和尚的头，慈爱地说："孩子啊，你人生最大的价值就好像这块石头，如果你把自己摆在菜市场上，你就只值

20 元；如果你把自己摆在博物馆里，你就值 2000 元；如果你把自己摆在古董店里，你就值 20 万元！平台不同，定位不同，人生的价值就会截然不同！"这个故事启发我们思考如何定位自己的人生，要为自己寻找一个怎样的人生舞台。

　　没有一个领导者是不善于自我激励的，毛泽东同志年轻时写下了一首豪情万丈的诗，遗憾的是，此诗只传下来两句："自信人生二百年，会当水击三千里。"游泳是毛泽东一生最大的爱好之一，他先后游过长江、珠江、湘江、钱塘江、庐林湖、韶山青年水库等大小河流水域，多次到北戴河的大海中畅游。那么为什么毛泽东如此喜欢游泳呢？因为他感到游泳是独特的休息方式，在大江大海中游泳不受任何限制，天高海阔，自由自在，其乐无穷，怡然自得，最大的好处是可以不想事，因为一想事就会下沉。1954 年夏天的一个下午，大雨磅礴，浊浪滔天，面对滔滔大海，他对身边的人说："站在这里看看，会觉得现在下海很可怕，可是真正下去了，也就不觉得可怕了。干任何事情都是这样，只要有勇气去实践，困难也就没什么不可克服的！"游完泳后，毛泽东意犹未尽，挥毫写下了《浪淘沙·北戴河》。游泳不仅是毛泽东的体育爱好，更是磨炼个人意志的运动，"不管风吹浪打，胜似闲庭信步"，在身处逆境时不断提升人生的高度，这是一种强烈的自我激励，它让追随者看到希望和信心，进而萌发积极追随的意愿。

毛泽东："自信人生二百年，会当水击三千里。"

三、心行激励的个体激励

在领导激励过程中，自我激励既是基础，也是根本，它是推动人们从事某种活动并朝一个方向前进的内部动力。1917年，毛泽东曾写了一篇被湖南第一师范学校杨昌济先生打了105分的《心之力》："宇宙即我心，我心即宇宙。细微至发梢，宏大至天地。世界、宇宙乃至万物皆为思维心力所驱使。"在社会生活中，人的活动是从心开始的，当人们理解世界的视角越多时，他们的适应性便越强，激励需要充分发动"心"也就是愿望的潜力，再与"行"也就是实践的实力结合起来。

《心之力》："宇宙即我心，我心即宇宙。细微至发梢，宏大至天地。世界、宇宙乃至万物皆为思维心力所驱使。"

在纷繁复杂的领导激励现象中，有一种颇为值得关注的情况，这就是激励的初衷与激励的结果存在着很大差距，这是领导实施激励最忌讳的地方，美国纽约大学教授史蒂文·克尔把这种现象称为"克尔蠢举"。有一天，渔夫出海时偶然发现他

的船边游动着一条蛇，嘴里叼着一只青蛙，出于对那只青蛙的
可怜，渔夫俯下身来救了青蛙，但他又可怜这条饥饿的蛇，于
是找了点食物喂蛇，蛇快乐地游走了，渔夫为自己的善行感到
欣慰。时过不久，他突然觉得有东西在撞击他的船，原来，蛇
又回来了，而且嘴里还叼着两只青蛙，原来蛇想获得更多的奖
励。在领导活动中，部属之所以不按照领导者要求的方式行
事，并不是激励不够，而是从根本上激励就错了：错误的行为
却被奖励，就像蛇抓青蛙这样的错误行为一样，正确的行为被
忽视或被惩罚。无数案例表明，奖励不当会出现致命的混乱，
突出表现为，受到奖励的行为恰恰是领导最反对的，而奖励者
最企盼的行为却没有得到激励。

> 在领导活动中，部属之所以不按照领导者要求的
> 方式行事，并不是激励不够，而是从根本上激励就错
> 了：错误的行为却被奖励，就像蛇抓青蛙这样的错误
> 行为一样，正确的行为被忽视或被惩罚。

只有领导激励恰到好处，并且可以持续时，才能够"唤起
工农千百万，同心干"。黄石公在《素书六章》说："小功不赏，
则大功不立；小怨不赦，则大怨必生。"如果小的功劳不奖赏，
便不会建立大功劳；如果小的怨恨不宽赦，大的怨恨便会产

生。领导激励的两个层次是心和行的激励，"心"是个体的内在过程，"行"是这种内在过程的表现，两者如车之两轮、鸟之两翼，相互促进。其中，"激"的对象主要是心，"励"的对象主要是行，完整的激励是将心的愿望和行的平台结合起来。具体来看：一方面，激励"心"让相关方有激情，鼓舞团队的士气，保持高昂的状态，愿意积极参与；另一方面，激励"行"让相关方得到相应的结果，主要在励，让"激"与"励"形成持续的激励链条，这是一个长期的过程。

> 领导激励的两个层次是心和行的激励，"心"是个体的内在过程，"行"是这种内在过程的表现，两者如车之两轮、鸟之两翼，相互促进。

第二节　团体激励艺术

在领导过程中，目标既是为了团队成员的利益，又要依靠团队成员的力量，为此，实现目标需要创造发挥各自特长的条件，让他们不同程度上参与其中，共同努力，这与锅盖思维具有相通性。从现象上看，锅盖思维最大的目标是让所有的食材烹饪成熟，变成能够享用的美味佳肴，为此，需要把所有的食材都用锅盖压到锅里，通过高温加热，让锅里的不同食材物尽其用；从本质上看，锅盖思维启发领导者要像锅盖一样目标执着，不可厚此薄彼，追求整体效应，把下属安排到合适的地方，发挥每一个下属的积极性，当然，也要把他们推向更高的平台，让他们在高压下成长成才。在团体激励过程中，心力配合追求同心协力，奠定了团体激励的根本基础；正副配合打造了坚强有力的领导班子，形成团体激励的率先垂范；上下配合力求上下同欲，构成了团体激励的关键所在，这三方面的综合塑造了团体激励艺术。

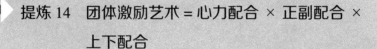

提炼 14　团体激励艺术 = 心力配合 × 正副配合 × 上下配合

一、心力配合的团体激励

生活常识告诉我们，独脚难行、孤掌难鸣，从"人"字的结构上看，它的两部分是互相支撑的，团体成员务必相互配合，只有水涨才能船高、只有柴多才能火旺。《淮南子·兵略训》中说："千人同心，则得千人力；万人异心，则无一人之用。"如果所有人能够团结一心，就会形成一股不可忽视的力量，但是，如果每个人各怀心思，就会如同一盘散沙，人数再多也起不到什么作用。在团体活动中，激励存在三种可能的状况：既无成员个体的激发，又无成员团体的凝聚，无激发无凝聚；虽有成员个体的激发，但无成员团体的凝聚，有激发无凝聚；既有成员个体的激发，又有成员团体的凝聚，有激发有凝聚，当然，这是最为理想的状况。在领导过程中，心散必然力散、心聚方可力聚，个体目标是融合在团体目标之中的，当团体中既有单个个体的激发，通过发动群众形成动力，又有多个个体的凝聚，通过组织群众形成合力，凝心聚力，形成真正意义上的团体激励艺术。

> 在团体活动中，激励存在三种可能的状况：既无成员个体的激发，又无成员团体的凝聚，无激发无凝聚；虽有成员个体的激发，但无成员团体的凝聚，有激发无凝聚；既有成员个体的激发，又有成员团体的凝聚，有激发有凝聚，当然，这是最为理想的状况。

在领导团队中，都存在着"财聚人散、财散人聚"的特点，需要拥有"容"的胸怀、保持"容"的心态、营造"容"

的环境。司马迁在《史记·秦本纪》中记载了一段历史：秦穆公丢失了一匹良马，被生活在岐山之下的三百多个乡里人捉得，并把马吃掉了，官吏抓住这些吃马人，准备严惩。秦穆公说："君子不因为牲畜而伤害人，我听说吃良马肉不喝酒会伤害人。"于是秦穆公赐酒给他们喝，并赦免了这些人。后来，秦国与晋国之间发生战争，秦穆公亲自参战，结果被晋军包围，秦穆公受伤了，他面临着生死考验。这时岐山之下偷吃良马肉的三百多人，飞驰冲向晋军，这些人"皆推锋争死，以报食马之德"，这种义举不仅使秦穆公得以逃脱，反而活捉了晋国的国君。

俗话说："将帅无能，累死三军。"当今时代，只有"激活三军"，才是"将帅有能"。启发并激励群众，启发群众让其有想法，激励群众使其有办法，超越"强将手下尽弱兵"的困局，达到"强将手下无弱兵"的开局。对于领导而言，这需要从"利益独享"转为"利益共享"，从仅仅让部分主体获取利益到所有参与方的共享获益，以此奠定激励的基础。通过设计利益共享的机制，在爱才如命的同时，做到挥金如土，增强共享平台的黏性，实现彼此之间精神支持，在"随风潜入夜，润物细无声"的过程中，形成一股强大的磁场，让所有成员做到各尽所能，各取所需。

> 对于领导而言，这需要从"利益独享"转为"利益共享"，从仅仅让部分主体获取利益到所有参与方的共享获益，以此奠定激励的基础。

二、正副配合的团体激励

在领导过程中，只有领导班子的积极性才能带动整个团队的积极性，领导班子的状况深刻地决定着组织的整体绩效，坚强有力的领导班子的打造务必建立在正副职之间良好配合的基础上，时代发展需要超越一般意义上的伟人阶段，把锻造伟大团队作为核心关注。沃伦·本尼斯说："伟大团队的灵魂在于，它们可以让杰出的个体一起合作来实现结果。"[1]团队内部需要寻求最大公约数，避免陷入"同而不和"的困境，坚持"和而不同"的理念，力争达成最大共识度，既激发个体又凝聚团体，既遵从原则又追求团结。领导班子成员的地位决定着他们发挥作用的途径和方式，正职是领导班子的领班人，副职是领导班子的跟班人，正职领导全局工作，副职指导分管工作，只有正职做到"删繁就简"，副职才有可能"领异标新"，赢得更大的

---

① ［美］沃伦·本尼斯：《领导的轨迹》，姜文波译，中国人民大学出版社 2008 年版，第 113 页。

发挥和发展空间。

> 团队内部需要寻求最大公约数，避免陷入"同而不和"的困境，坚持"和而不同"的理念，力争达成最大共识度，既激发个体又凝聚团体，既遵从原则又追求团结。

在领导班子中，权威获得需要正副职的共同努力，既要树立正职的必要权威，又要发挥副职的积极作用，副职维护正职的权威、支持正职的工作就是维护自己的权威、支持自己的工作。正职务必看到副职的优势和长处，懂得放权，创造机会让这些优势和长处得到发挥，让副职在其位、谋其政、尽其力、建其功，做到人尽其才。副职需要避免弱位、错位与越位，彻底摆脱可能产生并长期挥之不去的"弱者心态"，及时地为正职补位，因为正职的工作引领着自己作为副职工作的方向。领导班子的副职是兼容的，副职既是领导班子的重要成员，处于辅助位置，充当辅助正职足智多谋的主要助手与核心参谋，又是分管的特定领域的"一把手"，在落实某一具体方面独当一面。正副职一定要避免因为职位纠结而导致的不团结，甚至分裂，坚强有力的领导班子副职需要能够换位思考，理解正职的处境，做到正副职双方的各展所长，携手合作，共同进步。

正副职一定要避免因为职位纠结而导致的不团结，甚至分裂，坚强有力的领导班子副职需要能够换位思考，理解正职的处境，做到正副职双方的各展所长，携手合作，共同进步。

在企业领导的实践中，华为的任正非对正副职关系做出了深刻的提炼：正职必须要敢于进攻，是狼的标准；副职一定要精于管理，是狈的行为。展开来说，正职必须富于自我牺牲精神，善于清晰地理解公司的战略方向，能够周密地策划工作，带领团队不断实现新的突破，这就是"狼"的标准。与之形成鲜明对比的是，副职一定要精于管理，通过精细化管理落实组织意图，实现相应的绩效，这就是"狈"的行为。正职尤其需要留下"踱方步"的时间，在气定神闲中思考和谋划事关全局的战略性问题，眉毛胡子一把抓，事无巨细而且越抓越细的人是不适合做正职的。我们在评价正职时，不一定要以战利品的多少来评价，应对其在关键事件中体现出的领袖色彩给予关注。为此，正、副职可以有不同的选拔标准与培养标准，挑选领导者、培养领导者的方法需要调整，而且，这种标准的调整是深层次的，需要长时间营造崭新的企业用人文化。

正职尤其需要留下"踱方步"的时间，在气定神闲中思考和谋划事关全局的战略性问题，眉毛胡子一把抓，事无巨细而且越抓越细的人是不适合做正职的。

我们在评价正职时，不一定要以战利品的多少来评价，应对其在关键事件中体现出的领袖色彩给予关注。

三、上下配合的团体激励

无论战争时期，还是和平时期，人心归一是取胜的重要因素，民众上下一心，一定能战胜一切困难，这是一条基本的规律。"兵圣"孙武在《孙子兵法·谋攻篇》中说："故知胜有五：知可以战与不可以战者胜；识众寡之用者胜；上下同欲者胜；以虞待不虞者胜；将能而君不御者胜。"这种观点提出，在五种情况能预见胜利：知道能不能打的能够胜利；懂得兵多怎么打和兵少怎么打的能够胜利；上下思想意志齐心的能够胜利；以事先有准备对付事先无准备的能够胜利；将帅有才干而国君不加牵制的能够胜利。这五条是预见胜利的方法，其中，特别需要指出的是，"上下同欲者胜"，当上级和下级具有共同的期待，凝聚不同的力量，一定能够取得胜利，同心协力、众志成城。

　　"兵圣"孙武在《孙子兵法·谋攻篇》中说:"故知胜有五:知可以战与不可以战者胜;识众寡之用者胜;上下同欲者胜;以虞待不虞者胜;将能而君不御者胜。"

　　在华为的狼性团队合作文化中,"胜则举杯相庆,败则拼死相救",大家围绕既定目标,相互包容、相互信任、相互协作,而不是相互猜忌、相互计较、相互拉扯,这是任正非通过一套简单的规则约束出来的,更是用大刀"砍"出来的。一砍高层的手脚,高层领导者只留下脑袋用来仰望星空、洞察市场、规划战略、运筹帷幄,确保做正确的事;而不能习惯性地扎到事务性的工作中去,自己卷着袖子和裤脚,下地埋头干活。二砍中层的屁股,中层干部承上启下,砍掉中层干部的屁股,既要打破部门本位主义,又要将指挥所建在听得见炮声的地方,更要始终坚持以客户为中心;而不能对客户的需求响应缓慢、反应冷淡。三砍基层的脑袋,基层员工必须遵守企业的规则,按照流程要求把事情简单高效地做正确;而不能好高骛远、不切实际。当然,这三砍都需要建立在一个健康肌体的基础上,除去营养过剩的"赘肉",包括不劳而获的幻想和居功自满的思想,让整个组织的"手脚"、"屁股"和"脑袋"协调运转。

不同层级需要准确把握该层级相应的岗位职责，不可一味地将关注重心下移，努力去做熟悉而不该做的事：总经理做总监的事，总监做经理的事，经理做员工的事，员工谈论国家大事。如此现象的普遍出现将会导致的后果必然是：做了不该做的事，忘了该做的事，"耕了别人的自留地，荒了自己的责任田"。为了做到各司其职、各负其责、各得其所，需要将高层的要求、基层的需求和领导班子的追求结合起来，上层呼应下层的需求，下层反映上层的要求，领导班子在这两者之间努力追求，在焦点区域寻求突破。良好的上下级关系是：下级对上级尊重而不迎合，支持而不拆台，到位而不越位，服从而不盲从；上级对下级平等而不倨傲，信任而不猜疑，放手而不放任，爱护而不袒护。

为了做到各司其职、各负其责、各得其所，需要将高层的要求、基层的需求和领导班子的追求结合起来，上层呼应下层的需求，下层反映上层的要求，领导班子在这两者之间努力追求，在焦点区域寻求突破。

第三节　立体激励艺术

新陈代谢是社会发展的必然规律，社会发展呼唤知识的不断更新和人才的代际传承，为了突破"流水落花春去也"的局限，只有打造"江山代有才人出"的局面。在大雁群的迁徙过程中，一只大雁的羽翼能够借助前一只大雁的羽翼产生的动力，这使得飞行更为省力，全体大雁精诚合作、团结协作，完成整个群体迁徙的目标，这个理念概括为"雁阵效应"（Wild Goose Queue Effect）。雁阵效应在领导实践中的启发是，现代组织可以类似于雁阵，领导班子是其领头雁，他们能够在高屋建瓴地洞察现有人力资源核心优势的基础上，富有智慧地加以搭配，形成雁阵内部的优势互补，并且不断产生领头雁，带领组织飞得更高、走得更远。在立体激励过程中，纵横结合平衡个人与组织，奠定立体激励的坚实基础；老少结合平衡当下与未来，提供立体激励的根本举措；虚实结合平衡物质与精神，挖掘立体激励的持久动力，这三方面的统一塑造了立体激励艺术。

提炼 15 立体激励艺术 = 纵横结合 × 老少结合 × 虚实结合

一、纵横结合的立体激励

生活常识告诉我们，万物生长靠太阳，大海航行靠舵手，在领导过程中则是干部成长靠培养。詹姆斯·麦格雷戈·伯恩斯说："如果最高领导者帮助他们的追随者成为领导者，那么领导的作用就会更为合法和强大。只有站在他们的肩膀上，才能实现领导的真正伟大。"[①] 领导活动是参与方共同的事业，既为了所有参与方，又依靠所有参与方，只有着眼于培养人，才能落脚于完成事。当长江后浪推前浪时，前浪方可闲庭信步，领导者需要尽快成长起来，最为紧迫的事是建设后备干部，培养接班人，并且储备接班人，领导立体激励艺术不但关注类型差别的横向激励，而且注重时代差距的纵向激励。

---

① ［美］詹姆斯·麦格雷戈·伯恩斯：《领袖》，常健等译，中国人民大学出版社 2007 年版，第 492 页。

詹姆斯·麦格雷戈·伯恩斯说："如果最高领导者帮助他们的追随者成为领导者，那么领导的作用就会更为合法和强大。只有站在他们的肩膀上，才能实现领导的真正伟大。"

在社会生活中，人与人之间无论从先天的遗传所得，还是从后天的环境塑造来说，其差异性不胜枚举：有的性格开朗、做事高调；有的性格内敛、做事低调；有的性情急躁，有的性情平和；有的长于思考，有的善于行动等，相互之间的差异反映了丰富多彩的现实需求。只有尊重个体的差异，每个成员在团队合作、集体奋斗、彼此成就中完成自我成长、自我超越，才能成就团体的优异，形成群英荟萃、群龙共舞的局面。英国作家萧伯纳说：你有一个苹果，我有一个苹果，若我们彼此交换这些苹果，那么，你和我仍然是各有一个苹果；倘若你有一种思想，我也有一种思想，而我们彼此交换这些思想，那么我们每人将有两种思想。萧伯纳这句话的启示是，实物交换的价值与观点交换的价值是截然不同的，观点的交流能够实现观点的相加甚至倍增，让思想的火花燃成熊熊大火，从思想的火花中感知发展方向，这是类型差别的横向激励。

人类社会的发展是走在基础科学进步的大道上的，基础科学进步处于无人领航、无人跟随的"无人区"，如果没有重大的理论突破和大量的技术累积，重大创新是不可能产生的。在此过程中，每个人都可以有所作为，皆可以成为尧舜，成为现代意义上的领导者，但是，不确定性越来越多，他需要耐得住寂寞，不以成败论英雄，从失败中提取成功的因子，在探索未来的道路上持续总结，保持战略耐性。为了保障这种探索，需要制度创新维护人才的持续发展，建立容错纠错机制，提供更好的人才环境，增强人才的凝聚效应。完善人才梯度培养机制，既可以实现量上的由少到多，又可以实现质上的从劣到优，追赶时代的脚步，这是时代差距的纵向激励。

> 为了保障这种探索，需要制度创新维护人才的持续发展，建立容错纠错机制，提供更好的人才环境，增强人才的凝聚效应。

二、老少结合的立体激励

1957 年 11 月 17 日，数千名中国留苏学生和实习生从四面八方来到莫斯科大学，期盼毛主席的接见。下午 6 时许，当毛主席和邓小平、彭德怀、乌兰夫、杨尚昆、胡乔木等领导人出现在莫斯科大学的大礼堂时，全场沸腾，欢声雷动。毛主席高兴地走到讲台的前沿和两端，频频向大家招手致意，对留学生们说:"世界是你们的,也是我们的,但是归根结底是你们的。你们青年人朝气蓬勃,正在兴旺时期,好像早晨八九点钟的太阳。希望寄托在你们身上。"在时代的律动中,领导者需要不忘初心,关注年轻人的成长,积极弥合与年轻一代之间基于年龄因素而产生的距离,采取老少结合的立体激励,这既是静态的互补,更是动态的相长。

> 毛主席高兴地走到讲台的前沿和两端,频频向大家招手致意,对留学生们说:"世界是你们的,也是我们的,但是归根结底是你们的。你们青年人朝气蓬勃,正在兴旺时期,好像早晨八九点钟的太阳。希望寄托在你们身上。"

《荀子·王制》中说:"贤能不待次而举,罢不能不待须而废。"在很多情况下,领导者欠缺的不是人才,而是发现人才的眼光,他们对人才要有敏感性,要有敏锐的看人眼光。早在20世纪40年代后期,为了迎接革命胜利后的建国任务,中国共产党派出了一些革命烈士和干部的子弟到苏联学习。新中国刚刚成立后,百废待兴、百业待举,党中央为了迅速改变中国贫穷落后的面貌,高瞻远瞩地向苏联、东欧社会主义国家派出大批留学生,学习其先进的科学文化和管理经验。领导者成长的基本路径是从副职到正职，再到更高级别的副职的过程，从长远发展考虑，领导者务必具备持续培养年轻人的远见和破格重用优秀年轻人的魄力。

到 21 世纪中叶，人类社会将演变成一个智能社会，其深度和广度难以想象，越是前途不确定，越需要创造力，困难重重也是机会重重，这提供了千载难逢的机会。这个机会的真正获取要大规模地培养人，唯一出路在教育。教育要瞄准未来，以培养适应和引领未来的人为核心。当代青年思想比较开放而又活跃，用什么样的价值观就能塑造什么样的一代青年，这需要引导和教育，换位思考甚至移位思考。领导者需要既有使命担当，又能引领发展，不但择天下英才而用之，而且创新柔性用人的举措，聚天下英才而用之，通过源源不断的人才梯队形成人才辈出的局面。

> 领导者需要既有使命担当，又能引领发展，不但择天下英才而用之，而且创新柔性用人的举措，聚天下英才而用之，通过源源不断的人才梯队形成人才辈出的局面。

三、虚实结合的立体激励

在立体激励的过程中，既要从个性中提炼共性，把握激励的一般性；又要从共性中把握个性，体现激励的特殊性。北大方正创始人王选先生曾经说："对员工，只有精神激励，没有物质激励，这是愚民政策；反过来，只有物质激励，没有精神激励，那是害民政策。"每个人都有私心，希望他人能够满足自己的需要，实现自我的追求；每个人也都有善心，希望自己能够满足他人的需要，得到他人的认同。领导既要尊重人的"私心"，又要激发人的"善心"。实际上，"实"的物质激励与"虚"的精神激励就像我们的左右手，只有把两只手握在一起的时候，才是最有力的，物质激励和精神激励应该双管齐下；同时，社会发展的内在逻辑是激发人的需要，满足人的需要，价值观是最内在的激励，通过虚的价值认同、实的优势互补，做到虚实结合的立体激励。

> 北大方正创始人王选先生曾经说："对员工，只有精神激励，没有物质激励，这是愚民政策；反过来，只有物质激励，没有精神激励，那是害民政策。"

日本安土桃山时代的饭田觉兵卫是一位勇猛而又擅长军略的武士，他效命于加藤清正将军。饭田觉兵卫辞官归隐后曾对别人说：我第一次在战场上建功时，目睹了许多患难朋友因战殉职，心想这是多么可怕的事情，我再也不想当武士了。可是，当我回到军营，加藤清正将军夸赞我，随后又赐给我一把非常有名的战刀，我不想当武士的念头被打消了。后来，每次从战场归来，我总有不想再当武士的念头，可是每次回到军营时，又会受到夸奖和奖赏，我的心意一次次地动摇，总是没有达成我的心愿，也就一直效力于加藤清正将军，现在想来，加藤清正将军真是巧妙地利用了我的需求。饭田觉兵卫在既有物质上的收获，又有精神上的享受的双重激励下，一步步成长起来，成为日本历史上最有名的武将之一，激励是对人的动机的深层驱动，持久有效的激励来自物质和精神两个激励一起抓。

每个人各有所长，也各有所短，领导激励着眼于长处，而非着眼于短处，把用己和用人结合起来。在《西游记》中，一方面，唐僧自己能够目标明确、意志坚定，始终牢记使命"贫僧是到西天取经的"，面对九九八十一难从不动摇，即使面对糖衣炮弹的女儿国或蜘蛛精，也一概不为所动；另一方面，唐僧对人能够知长知短、尊长容短、扬长避短，孙悟空被判过500年有期徒刑，猪八戒、沙和尚和白龙马都有前科，他以无比宽广的心胸成为几位弟子的恩人，取人之长、补己之短，利用差异形成良性的互助队伍。在这个优良的队伍中，务虚方面，信念坚定，在大多数人都不相信的时候，在大多数人怀疑的时候，相信未来，担当未来；务实方面，实事求是，在破解发展难题、探索发展新路中与时俱进，做到虚实结合的立体激励。

> 在这个优良的队伍中，务虚方面，信念坚定，在大多数人都不相信的时候，在大多数人怀疑的时候，相信未来，担当未来；务实方面，实事求是，在破解发展难题、探索发展新路中与时俱进，做到虚实结合的立体激励。

结　语

唐代诗人孟浩然在《与诸子登岘山》中写道："人事有代谢，往来成古今。"诗句揭示出一条道理，人间的事情都有更替变化，来来往往的时日形成古今。时代的进步创造了崭新的纪元，人民的幸福感既来自于物质水平的获得感，也来自于精神领域的主人感。在领导过程中需要尊重人民的首创精神，让人民群众大胆探索自己的幸福道路，使每个人在努力创造个人幸福生活的同时，也为增进社会的幸福奉献心力。领导者需要上升到更高的层次，他们不能不敢创新，只会唯命是从以至于成为从不犯错的人，因为这只可能是比较合格的基层员工。越优秀的人犯的错误自然也会越多，这是因为他会努力进行更多的尝试，一个表面上从不犯错误，特别是从不犯大错误的人实际上不适合担任组织的高层领导者，在变革的时代中，只有敢于胜利，才会善于胜利。

领导学上有一个爆炸性倍增的原则，其基本内涵是：培养追随者，得到相加增长的效果；只有培养领导者，才能得到相乘倍增的效果。培养追随者的领导者，把持着一切权力，要有被人需要的感觉，为显公平对人一视同仁，只能影响到身边经常接触的人；培养领导者的领袖，会适当地把权力分授出去，希望有人能够继承他，用个性化的方式对待领袖人才，影响深远。当自己做一件事情能得满分，别人做能得八十分时，真正的领导者宁可让别人去做八十分，自己也得跳出来看全局，遵循这条法则的领袖会从追随者的成长模式，转换成领导者的成长模式。

当代社会的领导过程中，领导不是具体干预下属的具体生活，该由下属做主的就由下属做主，领导主要是要做好规则的主，通过制定较为合适的公平规则作为引导人们的行为准则，促使社会更加生机勃勃，更加健康有序。从根本上说，领导用人制度的自信源于制度用人的成熟，通过制度激励保障成员的安全感、使命感和成就感，让个体主动增强、群体互动频繁、整体联动，推动社会的进步。领导激励艺术的感性运用源于人类的直觉，领导激励制度的理性设计基于人性的假设，领导激励需要超越单纯的激励艺术的层次，最终达到持久的激励艺术和激励制度的综合运用。在激励制度和激励艺术的结合中，既有脚下的道路，又有前方的风景，"谁领风骚数百年？江山代有才人出！"

延 伸 学 习

变革领导力学堂

第五章

领导用权与权变艺术

· · ·

```
                    ┌─────────────────┐
                    │   领导权变艺术    │
                    └─────────────────┘

┌───┐   ┌──────────┐      ┌──────────┐   ┌───┐
│领│   │ 领导授权不足 │─────→│ 领导授权艺术 │   │领│
│导│   └──────────┘      └──────────┘   │导│
│用│                                     │权│
│权│   ┌──────────┐      ┌──────────┐   │变│
│「│   │ 领导应变不足 │─────→│ 领导应变艺术 │   │「│
│三│   └──────────┘      └──────────┘   │三│
│不│                                     │艺│
│足│   ┌──────────┐      ┌──────────┐   │术│
│」│   │ 领导求变不足 │─────→│ 领导求变艺术 │   │」│
└───┘   └──────────┘      └──────────┘   └───┘
```

导　言

　　领导与权力具有天然的联系，但是，权力只是依赖的函数，社会发展的大趋势已经让领导者受到依赖的程度逐步降低，相伴而行的是，权力来源必然超越领导者的具体职位。权力的两大主要来源分别是：一方面，合法支配的资源，这是保障领导活动进行的硬性资源，它满足领导活动参与方不同层次的相应要求，以及不同阶段的优势需求；另一方面，合理流动的信息，这是推动领导活动拓展的软性资源，当代日新月异的传播技术启发着民间的思想潜力，并且加剧它们在互动过程中的交汇融合。过去，追随者主要从领导者那里获取信息，领导者既是权力的中心，又是信息的中心；现在，追随者并不需要依赖领导者才能获得信息，越来越多的人能够在互联网上获取和交流信息，阐述和发表见解。从本质上看，无论是物质方面的硬性资源，还是信息方面的软性资源，权力既是满足实践需求的载体，也是检验领导成果的手段，对领导者来说，用权水平高低深刻地影响着领导实践的发展状况。

> 权力的两大主要来源分别是：一方面，合法支配的资源，这是保障领导活动进行的硬性资源；另一方面，合理流动的信息，这是推动领导活动拓展的软性资源。

詹姆斯·麦格雷戈·伯恩斯断言道："只有把权力放到多样的人类相互关系和广阔的因果联系中进行观察，才能对它进行充分的分析和测度。"① 领导用权的内涵是相当广泛的，既包括源于领导者职位因素的硬权力，又包括依赖领导者自身因素的软权力，硬权力和软权力的结合是领导权力的必然走向，这是衡量社会发展进步的显著标志。领导绩效状况依赖于领导者、追随者和领导情境三个要素之间的匹配程度，领导者可以被动地应变，更应该主动地改变领导风格或者创造领导情境，让三者相互适应。当今时代，互联网技术的高度普及让领导者、追随者和领导情境的内涵以及相互之间的关系发生了巨大的变化，拓展了相互之间的互动渠道，提高了相互之间的互动幅度。特定的领导情境，既拥有多样的来源，又保持多元的存在，更滋生多变的发展。领导既是一个客观的而不是主观的、

---

① ［美］詹姆斯·麦格雷戈·伯恩斯：《领袖》，常健等译，中国人民大学出版社 2007 年版，第 14 页。

发展的而不是静止的发现问题的过程，又是一个全面的而不是片面的、系统的而不是零散的解决问题的过程。

詹姆斯·麦格雷戈·伯恩斯断言道："只有把权力放到多样的人类相互关系和广阔的因果联系中进行观察，才能对它进行充分的分析和测度。"

领导既是一个客观的而不是主观的、发展的而不是静止的发现问题的过程，又是一个全面的而不是片面的、系统的而不是零散的解决问题的过程。

在现代领导过程中，科学技术的发展不仅改变着领导者和追随者，同时深刻地改变着领导者和追随者共同活动场域的领导情境，领导活动需要关注到这些变化。一种落后于时代的领导方式是把权力死死地掌握在自己手中，不会放权给员工，这种现象源于误认为专权就是手握大权，放权就是失权，从而导致这些权力的效力无法得到充分释放，亟须实现由专权到放权的方式转变，以此响应时代的呼唤并且满足时代的需求。概括地看，领导用权的主要问题体现在以下三个方面的不足：其一，不懂分享既有的权力，不知道分享权力的价值和方法，导致了授权的不足；其二，不善应对现实的变化，对于无所不在的变化难以很好地应对，形成了应变的不足；其三，不敢追求可能的变化，不能积极地创造可能产生的有利变化，造成了求变的不足。领导权力运行过程中的实际状况是，放权能够有效地释放权力的应有效力，赢得员工的更大信任，更好地发挥权力的作用，领导绩效需要领导用权进行某些程度的变化，从本质上看，所有的不足都是铺设通往领导权变道路的阶梯。

面对领导权变艺术的应运而生，我们可以明确的是，领导权变艺术的核心理念是"实事求是"，这既与岳麓书院讲堂檐前匾额所书的"实事求是"相契合，又与毛泽东思想活的灵魂的"实事求是"相一致，强调一切从实际出发，从客观存在的一切事物中探索内部联系，其初衷和归宿是主观和客观相符合，这是具体而又历史的符合。概括来看，领导权变艺术是领导授权艺术、领导应变艺术和领导求变艺术的综合，即"领导权变艺术 = 领导授权艺术 × 领导应变艺术 × 领导求变艺术"，展开来看：其一，领导授权艺术，在严格分权和善于放权的基础上，充分授权，发挥个体主动性，共同参与过程，授权既是领导本质的现实要求，又是素质提升的必要条件；其二，领导应变艺术，在一定的领导情境中力求具体问题具体分析，让多种要素和多个环节相契合，这更接近领导的本质；其三，领导求变艺术，领导活动需要创新，主要是通过创设和创新领导制度情境的服务过程，这既是世界观，又是方法论。总之，领导权变艺术的三个层次是辩证的：授权艺术是基础，从多权中力争少权，从显权中力争隐权；应变艺术是发展，在困难中寻求光明，在防御中寻求进攻；求变艺术是提高，从被动中寻求主动，从不利中寻求有利。领导者在授权基础上拓展应变空间和把握求变时机，追求更高的领导价值，做到领导授权艺术、领导应变艺术和领导求变艺术的适时、适地、适度结合，就锻造了炉火纯青的领导权变艺术。

第一节　领导授权艺术

在领导过程中，领导者在运用职位赋予的权力时需要合理地授权，唯有如此，事业方能走上蒸蒸日上的成功之途。中国改革开放的总设计师邓小平有一句语言浅显而又内涵深刻的阐述："我的工作方法是尽量少做工作。它的好处就是：第一，可以多活几岁。第二，让年轻一些的同志多做工作，他们精力充沛，比我做得更好。"[①] 对于领导者而言，尽量少做工作是充满

———————

① 《邓小平文选》第三卷，人民出版社 1993 年版，第 84 页。

智慧的工作方法，它表现于两个方面：倾心培养人有利于人的成长，共同完成事有利于事的成功。在充分授权的团体中，人人发挥所长，但是，即便很多人主观上真正愿意授权，客观上依然未能较好授权，最根本的原因是没有真正理解授权是什么，它不仅是相对超脱的深刻理念，而且是务必落地的系列举措。授权是领导者将自己职权范围内的一定权力，事权而非职权，授予直接下属，因人而授、因事而授、因需而授，以此激发他们的积极性、主动性和创造性，适应领导实践不断发展的需要。

 提炼 16　领导授权艺术 = 因人而授 × 因事而授 × 因需而授

一、因人而授的授权

领导者的成长务必经过实践的磨炼，只有实践才能让他们不断地经历风雨，持续地增长智慧。法家学派的创始人韩非子在《韩非子·显学》中总结道："宰相必起于州部，猛将必发于卒伍。"贤臣良相都是从地方官员发展起来的，勇猛战将也都是从普通士卒提拔上来的，无论文臣还是武将，国家的高层官员一定要从具备基层实际工作经验的人中选拔，因为这些人来自基层，更了解百姓的疾苦和战场的形势，这是能够制定恰当的方针政策的前提条件。中国有句俗话说道："养兵千日，用兵一时。"培养能征善战的士兵并非一日之功，他们平时必须得到锻炼，用时方能显出威力，同样，培养治国理政的人才务必经过长期的历练，唯有一直超越，方可始终卓越。因人而授的艺术既指授权需要根据人的具体情况，又指授权务必针对人的持续成长，做到领导者与追随者的配合，这是促进从追随者到领导者成长过程中的一个良好方法。

> 培养能征善战的士兵并非一日之功，他们平时必须得到锻炼，用时方能显出威力，同样，培养治国理政的人才务必经过长期的历练，唯有一直超越，方可始终卓越。

　　领导者的忙忙碌碌不只是"劳而无功"，更可能是"劳而有过"，因为这样的领导方式会限制下属的自由和创造空间，压抑他们的热情和创造潜能，领导务必适当地授权，这是领导者的简约化领导和追随者的自主化领导的共同需要。这里送给大家一句话："欲成大树，莫与草争；总与草争，岂成大树?"授权可以一举两得：一方面，有利于领导者的分身有术，领导者不需要事事亲力亲为，超脱繁重的具体事务，集中精力做大事。另一方面，有利于追随者的锻炼有方，追随者在领导者授权信任的基础上，在授权范围内处理相关的具体问题，利用机会长才干。如果领导者平时不注意为追随者提供锻炼的机会，以此培养他们的能力，一旦有突发任务，让追随者贸然顶上，往往容易造成工作失误，必然对追随者的自信心造成重大打击。为此，领导者平时必须将一些小项目大胆地交给追随者独立完成，让他们独当一面，逐步有资格、有经验承担未来可能面临的突发性任务。

> 授权可以一举两得：
>
> 一方面，有利于领导者的分身有术，领导者不需要事事亲力亲为，超脱繁重的具体事务，集中精力做大事。
>
> 另一方面，有利于追随者的锻炼有方，追随者在领导者授权信任的基础上，在授权范围内处理相关的具体问题，利用机会长才干。

在实际的授权过程中，领导者不但需要具备授权的意愿，而且需要掌握授权的方法。领导者应该向追随者交代清楚与被授权力相应的责任，同时，领导者要向追随者授予与所担负的责任大小相当的权力，做到权责的统一与匹配，权力小、责任大，难以履职；相对的是，权力大、责任小，难免失控。贯穿因人而授艺术全过程的是对追随者的教导，授权在更大的意义上是用来锻炼追随者的，授权前听听他们的要求，不妨再问问他们还想得到哪些权力，只要提出的要求是合理的，就应该尽量予以满足。同时，领导者不能把授权当成对追随者的一种奖励，它是基于信任基础之上的一种培养，必须防止大才小用、小才大用，甚至有才不用和无才滥用，授权根本上是为了促进人的成长，推动领导活动取得更好成效。

> 领导者不能把授权当成对追随者的一种奖励，它是基于信任基础之上的一种培养，必须防止大才小用、小才大用，甚至有才不用和无才滥用，授权根本上是为了促进人的成长，推动领导活动取得更好成效。

二、因事而授的授权

领导目标的实现需要发挥不同成员的优势，这是基于任务而把做事的具体权力授予追随者，授权可以促进事的成功。清代学者顾嗣协在《杂兴》中说道："骏马能历险，犁田不如牛。坚车能载重，渡河不如舟。舍长以就短，智者难为谋。生才贵适用，慎勿多苛求。"如果领导者总觉得计划和研究的时间不够，办公时间几乎全部用来处理例行公事，工作频繁被员工的请示打扰，发生紧急情况而不能分身处理，此时，他正需要掌握因事而授的授权艺术。授权的客体不是因自己所处的职位而相应获得的法定"职权"，而是为履行职权所必须具备的处理具体事务的"事权"，在职责上已经拥有的权力是不需要授权的。授权只是把决策或处理某一问题的权力授予追随者，待问题解决后，权力自行收回。因事而授的艺术既指授权需要根据事的具体情况，又指授权务必针对事的真正完成，做到战略安排与战术举措的结合，这是领导目标完成过程中的一个较好方法。

> 清代学者顾嗣协在《杂兴》中说道："骏马能历险，犁田不如牛。坚车能载重，渡河不如舟。舍长以就短，智者难为谋。生才贵适用，慎勿多苛求。"

授权最根本的原因是完成特定的任务，"千斤重担大家挑，各自肩上有指标"。当领导者把一些专业性较强的工作授权追随者去做时，既可以发挥专业技术人员的积极性、主动性和创造性，又可以集中精力做好服务保障工作、协调多种资源、汇聚多方力量，提供更加充分的支持，这有利于领导者及时、全面、准确地掌握工作进度、确保工作质量，更加便于强化对工作的检查。授权不是一个定数，而是一个变数，领导者一定要根据领导幅度来决定是否授权以及授权的大小：领导幅度太宽了，自己管不过来，就可以多授权；领导幅度有限，就应少授权。在授权之前，领导者决不可以草率从事，切忌由于考虑不周，又不得不收回权力，这需要根据下属的实际能力大小特别是潜在能力的大小来决定，如果某一个下属既会干又愿意干，授权给他就是非常适宜的，恰到好处地让他挑上担子快步前进。因事而授的艺术有利于领导者更好地集中精力，追随者更好地挖掘潜力，充分用人所长，发挥团队优势，提高整体绩效。

在正式授权之前，领导者的重要工作是进行分类排序，不同类的工作对应不同的授权要求，授权工作清单包括以下三类：第一类，必须授权的工作，这类工作本不该亲自去做，例行的日常公务下属完全能够胜任，它们之所以至今留在手中，只是因为自己久而久之的习惯；第二类，可以授权的工作，往往具有一定的挑战性，把这类工作交给下属，只要在授权之内，特别注意为授权的下属提供完成工作所需的指导，这样他们就可以有机会提高自己的才能；第三类，不能授权的工作，每个组织的工作中总有关键环节影响着组织的前途和命运，并直接影响领导的业务拓展，这类工作一旦失误，将要付出沉重的代价，这是不可授权的。授权任务需要标准化，明确表述的任务便是清晰的目标，完成任务的模式是相对稳定的，完成任务的条件是相对明确的，完成任务的标准是相对客观的。贯穿因事而授艺术全过程的是集中精力对活动结果的督导，这必须对完成的任务按照责任的大小和授权的程序进行，因为授权的先决条件是责任，授权需要做到权责同时下放，否则授权会导致权力泛滥和失控，为此，领导者保留最终确定责任的权力，该权力不能授权；保留确定责任的权力，同样也就确定了授权的有效性。

> 授权工作清单包括以下三类：
>
> 第一类，必须授权的工作；
>
> 第二类，可以授权的工作；
>
> 第三类，不能授权的工作。

三、因需而授的授权

领导活动永远会加入新的元素，这是实践的丰富性决定的，春江水暖鸭先知，授权是尊重基层首创精神的必要举措。军事家孙武在《孙子兵法·九变篇》中提出："凡用兵之法，将受命于君，合军聚众……涂有所不由，军有所不击，城有所不攻，地有所不争，君命有所不受。"主将用兵有自己的法则，在受领国君的命令后，征集兵员编成军队。在实际过程中，有的道路不宜通过，有的敌军不宜攻击，有的城邑不宜攻占，有的地方不宜争夺，在这些情况下，即使是国君的命令，也可以不执行。因需而授的艺术指授权可以根据领导环境的现实需要，授予一线人员相应的权力，增强他们的责任感，充分发挥其积极性。适当授权可最大限度发挥权力的效力，做到定力与活力的结合，使一线人员能针对瞬息万变的形势当机立断。

　　领导授权是适应环境现实需求的一项重要活动，授权要依据实际情况，紧紧围绕工作任务和目标的完成灵活运用。彼得·德鲁克说过这样的案例，美国记者采访一位参加越战的步兵上尉，问道："在战场混乱的情况下，你如何指挥你的下属？"上尉回答说："我是那里唯一的负责人。当我的下属在丛林中遭遇敌人却不知道怎么行动时，我也因为距离太远而无法告诉他们，我的任务只是通过平时的训练，让他们知道在这种情况下应该如何行动，至于实际该怎么做，应由他们根据情况加以判断，责任虽然在我，但行动的决策却由战场上的每个人自己决定。"授权是贯彻分层管理原则的需要，领导者要把权力授给那些战斗在第一线的人，他们既富有实践经验，又身处各种问题现场，能够第一时间及时应对各种突发事件。与职务相应的权力应一次性授予，不能放半截留半截，否则，这样会严重挫伤下属的积极性，使所用之人失去责任心。只有做好承担最终责任的准备，授权的大幕才能真正拉开。

> 与职务相应的权力应一次性授予，不能放半截留半截，否则，这样会严重挫伤下属的积极性，使所用之人失去责任心。只有做好承担最终责任的准备，授权的大幕才能真正拉开。

领导授权只是将领导者应当独享的权力授予追随者行使的活动，领导者并不会因为授权而丧失其领导主体地位，并且，领导者还是授权责任后果的最终承受者。领导授权需要遵守授权前、授权中和授权后的基本顺序，注意以下三点：授权前，经过周密考虑、精心准备，这是实施各项授权的前奏活动；授权中，选择一个适当的时机，这种时机既可能是一些特殊的事件，也可能是一些司空见惯的现象再次出现时；授权后，检查下属用权方式是否正确、用权方法是否科学、用权范围是否越权等。贯穿因需而授艺术全过程的是始终保持对活动的引导，既然领导者已经为下属划定了用权范围，并且鼓励他们放手去做，那么，在既定的权限内，下属完全可以根据自己的判断做出相应的决策，同时，适当的引导可以防止其偏离目标。记住一点：除非遇到下属的判断和工作情况脱离正常轨道的特殊情况，否则，领导者不应该向他们下达强制性的命令，可以向下属提供及时协助，但不应干涉他们的具体行动方式。授予权力既要有一定的稳定性，不能根据领导者意志随意更改，又应该根据形势的发展变化和完成工作进程的实际需求，适时做一些必要的调整。

记住一点：除非遇到下属的判断和工作情况脱离正常轨道的特殊情况，否则，领导者不应该向他们下达强制性的命令，可以向下属提供及时协助，但不应干涉他们的具体行动方式。

第二节　领导应变艺术

领导活动的变是唯一的不变，需要从"常"中察"变"，从"变"中求"常"，做到"常"与"变"的具体的和历史的结合。法兰西第一帝国皇帝拿破仑自信地说："我有时像狮子，有时像绵羊。我的全部成功的秘密在于：我知道什么时候我应当是前者，什么时候我应当是后者。"领导者的思维是需要具有灰度的，在不同的时空背景下，既要有狮子般的勇猛，又要有绵羊般的温和。辩证思维是极其重要的，它促进领导者一分为二地看待问题：既要看到有利的一面，也要看到不利的一面；既要看到自身的优势，也要看到面临的困难；既要看到发展的机遇，也要看到存在的挑战。领导应变艺术指根据领导情境的客观变化，领导者积极主动地应对这种变化，做到因人而异的应变、因时而变的应变和因地制宜的应变的结合，通过具体问题具体分析具体对待的领导应变，推动领导过程。

提炼 17　领导应变艺术 = 因人而异 × 因时而变 × 因地制宜

一、因人而异的应变

领导过程的参与各方必然是类型多样的而又风格各异的，他们都是领导活动不可或缺的力量。唐太宗李世民在《帝范·审官第四》中写道："智者取其谋，愚者取其力，勇者取其威，怯者取其慎。无智、愚、勇、怯，兼而用之。故良匠无弃材，明主无弃士。不以一恶忘其善，勿以小瑕掩其功。"对于良匠和明主来说，他们利用聪明的人的才智，利用愚笨的人的力量，利用勇敢的人的威严，利用怯懦的人的谨慎，无论聪明、愚笨、勇敢还是怯懦的人，每个人都有自己的用武之地。在真正的领导视野中，长中存短、短中存长，无人不可用、无才不可取。因人而异的应变指在尊重每个个人独特价值的基础上，领导者积极地欣赏多元、精准地利用多元，进而形成领导三要素之间良好匹配状况的艺术。

> 唐太宗李世民在《帝范·审官第四》中写道："智者取其谋，愚者取其力，勇者取其威，怯者取其慎。无智、愚、勇、怯，兼而用之。故良匠无弃材，明主无弃士。不以一恶忘其善，勿以小瑕掩其功。"

在这个世界上，既没有两片完全相同的树叶，更没有两个完全相同的个人，人人皆不同，因人而异的应变是多种原因综合的需要。第一，对上对下不一样，面对上级领导者时，自己作为下级，应该积极做一个追随者，配合上级努力执行，达成上级期望的效果；面对下级追随者时，自己作为上级，务必尽力做一个领导者，支持下级、精心领导，奉献下级期待的成果。第二，对左对右不一样，如果左边是职能部门，职能部门需要循规蹈矩地履行职责，我们需要了解它们的职权；如果右边是业务部门，业务部门务必机动灵活地争取业绩，我们需要促进它们的业绩。第三，对内对外不一样，当对内时，相互之间是围绕工作存在上级、平级或者下级的关系，更多的是协调和配合；当对外时，彼此之间主要是偶然性的弱联系，更多的是沟通和合作。因人而异的应变艺术需要领导者既按本色做人，又按角色做事，二者相辅相成、相得益彰。当领导者的角色变了，与之相适应的行为以及方式必须及时地相应调整。

为了实现因人而异的应变艺术，领导者需要积极地从对方的角度调整自己的行为，明确自己的角色和对方的角色。有一个寓意颇深的故事，弟子问道：师父，您有时候打人骂人，有时候对人彬彬有礼，这里面有什么玄机吗？师父说：对待上等人要直指人心，以真面目待他，可打可骂；对待中等人要最多隐喻，他受不了打骂，要讲分寸；对待下等人要面带微笑，他脆弱心眼小，只能用世俗的礼节对待他。面对不同的对象，领导者应该设想对方期望自己是什么样子，什么样的办事风格和风度仪表，不但要因人而异，而且要因己有别，根据领导目标的需求和双方的匹配状况，决定采用暴风骤雨或者和风细雨的方式。

> 面对不同的对象，领导者应该设想对方期望自己是什么样子，什么样的办事风格和风度仪表，不但要因人而异，而且要因己有别，根据领导目标的需求和双方的匹配状况，决定采用暴风骤雨或者和风细雨的方式。

二、因时而变的应变

领导活动既在漫长的历史长河中，又在特定的时间阶段内展开，这是领导过程的必然依据。汉武帝时期的名臣桓宽在《盐铁论·忧边第十二》中说："明者因时而变，知者随事而制。"时代的发展使得以前有效的法则不见得此时依旧有效，需要做到随时随地的变通，必要时候对外界发生的预料之外的事情做出正确的反应。唯有这样，机会才会在我们的控制之下，而不是将我们反控。时代是多种因素综合作用的产物，这是进一步发展的基础，它拥有难以抗拒的气势，我们务必借助时代的动力、满足时代的需求。因时而变的应变指在体悟每个时代特定内涵的前提下，领导者充分地感受时代的多变，主动地跟上时代的多变，形成在同呼吸、共命运过程中与时代互动的艺术。

> 领导活动既在漫长的历史长河中，又在特定的时间阶段内展开，这是领导过程的必然依据。
>
> 时代是多种因素综合作用的产物，这是进一步发展的基础，它拥有难以抗拒的气势，我们务必借助时代的动力、满足时代的需求。

在现实的领导过程中，领导实践总是产生于一定的时空，又必然发展于特定的时空。北宋时期何去非是我国历史上第一个武学博士，他在《何博士备论》中说："古之善为兵者，不以法为守，而以法为用。常能缘法而生法，与夫离法而合法。"兵法是用来打仗的，有用就用，没用就扔，真正会打仗的人没有死守教条的。他们常常能够根据已有的兵法发展出新的兵法，往往表面上违反了兵法，却在更高的层次上契合了兵法。那么，如何做到领导活动的因时而变呢？一方面，在常态的背景下，此时，必然联系发挥主导作用，要积极地应用既定的规则；另一方面，在非常态的背景下，此时，偶然因素逐渐占据关键位置，要敏感地主动分析，灵活应对变动的环境。从应变的角度来看，领导者需要超越对领导情境的被动应变，主动地发展领导者和追随者，直至改善生活于其中的社会。

三、因地制宜的应变

领导过程需要巧妙地避开障碍，不断拐弯前行，根据当地的具体情况适时适度地调整措施，持续地适应客观环境。领导"建基于永恒真理，受人类深层次的需要驱动，并扎根于现实

生活的土壤之中"。① 这句话为我们剥去了平庸社会中领导的
神秘色彩，领导与人类日常活动中的权力现实直接相关，务必
落实到现实环境之中。每个地方既有历史继承性，又有现实差
异性，卓越的领导者能够准确地把握这种具体特性，通过发挥
获得的职位和权力的效用，针对性地开展领导活动。因地制宜
的应变指在注重不同地方特殊要素的氛围中，领导者真诚地尊
重当地的差异，具体地看待当地的差异，逐步锻造真正满足当
地特色需求的艺术。

> 每个地方既有历史继承性，又有现实差异性，卓
> 越的领导者能够准确地把握这种具体特性，通过发挥
> 获得的职位和权力的效用，针对性地开展领导活动。

在横向的空间场域中，科学技术已给社会带来翻天覆地
的变化，它将会改变我们认识和思考世界的方式，人类已经
能够到达过去很多到达不了的地方，看见过去看不到的东
西，听到过去听不到的声音，因地制宜的应变艺术是基于两
个度的考量。其一，应变艺术的对不对，这是战略和策略的

① ［美］罗伯特·K.格林利夫：《仆人式领导》，徐放等译，江西人民出版社
2008 年版，第 4 页。

高度，需要正确处理当前与长远、局部与全局、现象与本质的关系，从现实前瞻长远、从局部把握全局、从现象透视本质，不断提升思维的层次。其二，应变艺术的针对不针对，这是适当和适用的角度，领导者务必积极地挖掘地方的积极因素，尊重基层的首创精神。在此过程中，清晰地认识担负的重大责任，绝对不能够也不可能把广大员工作为实现组织目标的手段，而是创造各种有利的条件，促进他们的个人发展和社会进步。

对于领导活动而言，所有环节既是时代的产物，只有赶上时代的节拍，符合时代的观念才能获得发展的机会；又是本土的产物，它们深深地扎根于现实的土壤之上，依靠不断地吸收当地的养料逐步成长。当今的互联网时代是一个奇迹不断涌现的时代，它让基础设施薄弱的地方也能成功，甚至更容易成功，这个时代让发展的机会进一步均等化。新生事物让我们对未来充满想象，因为它有无限的可能性，希望给它时间，积极地看待，耐心地等待，让它逐步地成熟，"待到山花烂漫时，她在丛中笑"。真正智慧的领导者总是构建权力的"倒金字塔"（Pyramid Upside Down），通过积极地创造条件和营造环境，让追随者充分地建功立业，一起推动领导效能的更大提高。

真正智慧的领导者总是构建权力的"倒金字塔"（Pyramid Upside Down），通过积极地创造条件和营造环境，让追随者充分地建功立业，一起推动领导效能的更大提高。

第三节　领导求变艺术

领导过程中不但需要被动地应变，而且需要主动地求变，变革的时代既促使领导的产生，又促进领导的发展。西汉时期的目录学家刘向在《战国策·赵策二》中说道："贤人观时，而不观于时；制兵，而不制于兵。"杰出的领导者务必善于审时度势，利用特定的时势乘时而起，而不会被时势所裹胁；他们善于控制战争，而不会被战争所控制。创新思维是必要的，能突破常规思维的界限，以超常规甚至反常规的方法、视角思考问题，提出新颖独创的解决方案，其本质是实现创新活动由感性认识到理性思考的飞跃，将创新意识的感性愿望提升到理性探索的高度。领导求变艺术指领导者善于掌握主动权，抓住时机主动变革，做到远近相济的求变、难易并进的求变和软硬兼施的求变的结合，通过领导创新获取追随者的支持和信赖，实现领导价值。

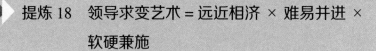

提炼 18　领导求变艺术 = 远近相济 × 难易并进 × 软硬兼施

一、远近相济的求变

现代社会教育程度普遍提高，锻炼机会相应拓展，个人素质的大幅提升降低了对领导者的依赖程度，这对领导者提出了崭新的要求。美国学者罗伯特·K.格林利夫说："领导的精髓所在正是要行走在众人的前面，这种能力源自于对灵感、对洞见非比寻常的开放态度。"[①]领导是顺应时代要求、呼应时代需求的过程，需要在开放中获得灵感，这是引领追随者的根本保证。挑战无处不在，风险无处不在，人无远虑、必有近忧，领导者总是着眼未来，想象各种启人心智的和令人激动的可能性，感召他人通过不断的奋斗实现目标。远近相济的求变指在

---

① 　［美］罗伯特·K.格林利夫：《仆人式领导》，徐放等译，江西人民出版社 2008 年版，第 63 页。

领导过程中，通过追随者鼓足的必胜信心将领导者提供的正确方向落到实处，做到远期的战略目标和近期的战略聚焦的结合。

> 挑战无处不在，风险无处不在，人无远虑、必有近忧，领导者总是着眼未来，想象各种启人心智的和令人激动的可能性，感召他人通过不断的奋斗实现目标。

远近相济的求变促使领导者集中精力洞察战略大势，在迅速变化的时代中赢得主动，以更宽广的视野、更长远的眼光思考和把握重大战略问题。华为技术有限公司十多年前就开始每年投入很多钱研发芯片，但是华为的芯片从来没有派上用场，很多人对此大惑不解，就去问任正非。任正非回答说，中国研制出了原子弹，但是原子弹从来没有用过，这能说原子弹没有用吗？它不但有用，而且太有用，它可以牵制美国等国家不敢对中国动用核武器。华为研发芯片也是这样，虽然很长一段时间内用不上，但是，它可以牵制美国不敢停止向华为供应芯片，不敢轻易掐断我们的脖子，因为这样干，华为可以迅速推出自己的芯片。任正非的这种制约与平衡的智慧很重要，这个时代真正具备战略智慧的企业家就该这样，掌控战略性的方向，推动关键性的创新。

> 任正非的这种制约与平衡的智慧很重要，这个时代真正具备战略智慧的企业家就该这样，掌控战略性的方向，推动关键性的创新。

在领导实践中，远近相济的求变不断平衡远虑与近忧的关系，既开创性地洞察和判断时代，又创造性地思考和解决问题，通过战略步骤积极落地，达到"四两拨千斤"的效果。当这种思想拓展到产业发展时，它打开了资源配置的空间，把虚拟产业与实体产业结合起来，这是因为，虚拟现实千万不能真的变成一个虚的产业，制造业背后的服务体验是创造思想、感受服务，虚的技术一定要做实，而实的产业必须要学会虚，将数据时代的需要与制造业相结合，推进转型升级，这是未来 VR 产业的核心竞争力。VR 行业要和实体经济紧密结合，也只有紧密结合实体经济，才有真正的未来，进而推进社会向更加绿色、更加普惠和更可持续的方向发展。在社会发展中，领导者务必将远期利益与近期利益平衡，防止互害，力争互助。

二、难易并进的求变

在变革的时代中，领导活动一定不能忘记为什么出发，只有不忘初心，方可天下归心，这是持续推动领导过程的根本。宋代理学家朱熹在《活水亭观书有感二首·其二》中写道："昨夜江边春水生，艨艟巨舰一毛轻。向来枉费推移力，此日中流自在行。"昨天夜晚江边的春水大涨，那艘庞大的战船就像一根羽毛一样轻，尽管以往花费许多力量也不能推动它，今天它在水中间却能自在地移动。在现实社会中，个体的力量毕竟微弱，只有紧跟时代的发展，从支流到主流，最后才能形成奔流不息的时代潮流。难易并进的求变指在领导过程中，领导者需要顺应发展趋势和突破关键节点，根据具体情况"先易后难"或者"先难后易"，做到艰难的远期目标和容易的近期焦点的结合。

> 难易并进的求变指在领导过程中，领导者需要顺应发展趋势和突破关键节点，根据具体情况"先易后难"或者"先难后易"，做到艰难的远期目标和容易的近期焦点的结合。

领导过程中的难易并进的求变适应了当今世界正在发生的

前所未有之大变局的需要，乐观地看待并且客观地对待这个大变局，这是在新的历史条件下应对各种挑战、抓住各种机遇的需要。世界观决定方法论，有什么样的领导世界观，相应就有什么样的领导方法论，领导者需要从关注结果到探求原因，逐步清晰变化背后的规律，超越变化的现象，洞察变化的本质。这是把握改革的内在要求，也是推进改革的重要方法。

> 世界观决定方法论，有什么样的领导世界观，相应就有什么样的领导方法论，领导者需要从关注结果到探求原因，逐步清晰变化背后的规律，超越变化的现象，洞察变化的本质。

为了实现难易并进的求变艺术，既要尊重客观规律，也要发挥主观能动性和主体自觉性，做到尊重社会发展客观规律与尊重主体地位相统一。一方面，求变的"先易后难"，鼓励下属大胆探索，勇于推进实践创新，做到胆子要大和步子要稳的协调，不断深化对实践规律的认识，这是一种行之有效的工作方法，它符合事物循序渐进的发展规律。另一方面，求变的"先难后易"，坚持一切从实际出发，按照客观规律办事，一张蓝图绘到底，通常"难"恰恰是主要矛盾所在，此时，见难而上是抓住主要问题、紧扣主要矛盾的牛鼻子，如果主要问题和主要矛盾解决了，其他问题和矛盾也会迎刃而解，很多时候，先难后易则事易，先易后难则事难。在顶层设计的基础上，针对领导实践错综复杂的问题，既注重"牵一发而动全身"，又讲求"十个指头弹钢琴"，形成领导过程中统筹全局与协调各方、整体推进与重点突破相结合的局面。

> 在顶层设计的基础上，针对领导实践错综复杂的问题，既注重"牵一发而动全身"，又讲求"十个指头弹钢琴"，形成领导过程中统筹全局与协调各方、整体推进与重点突破相结合的局面。

三、软硬兼施的求变

身处日新月异甚至移步换景的世界，领导活动的出发点和落脚点必须也必然是满足个体的需要，个人价值凸显促使个体关系的扁平化。哈佛大学肯尼迪政府学院教授约瑟夫·奈认为："聪明的领导既需要软权力技巧，也需要硬权力技巧，既要善于搞协作，又要善于下命令。"① 领导情境是领导者与追随

---

① ［美］约瑟夫·奈：《灵巧领导力》，李达飞译，中信出版社 2009 年版，第 141 页。

者之间互动的空间和过程，领导既要敢于下命令，更要善于搞协作，其重心已经从强调领导者的核心地位和主导价值发展到关注追随者的中心地位和主体价值。这种发展提出了一个要求：领导者只有积极追随自己的追随者，才可能成为真正的领导者；追随者只有积极追随自己的领导者，才可能成为潜在的领导者。软硬兼施的求变指在领导过程中，软硬权力之间只是行为性质和资源有形程度上的差别，实质都是影响他人的方式，做到变量的软权力技巧与常量的硬权力技巧的结合。

> 领导既要敢于下命令，更要善于搞协作，其重心已经从强调领导者的核心地位和主导价值发展到关注追随者的中心地位和主体价值。
>
> 领导者只有积极追随自己的追随者，才可能成为真正的领导者；追随者只有积极追随自己的领导者，才可能成为潜在的领导者。

领导过程中的软硬兼施的求变顺应了当代领导力发展的力度缩小、广度扩大的趋势，形成了追随者与领导者之间的互补。硬权力是产生强制性影响力的基础，这是法定权力的影响力，它的基本规则是"有职有硬权，无职无硬权"。软权力主要取决于个人素质，包括个性的、品德的、专长的、艺术的、绩效的、资历的、情感的和关系的等多个方面，无论范围如何广泛，都是职位和权力以外的人的因素产生的影响力，是上下左右之间都可以产生的人对人的影响力。我们务必确信一点：领导者与追随者的界限已经从清清楚楚正在变得模模糊糊，这种界限的模糊化是领导关系真正的进步。

为了实现软硬兼施的求变艺术，领导者必须集中于一个又一个领导事件，通过在每一个领导事件中有所作为赢得追随者。一方面，硬权力具有连续性，领导职位的硬权力可以合法地支配相应的资源，在领导事件发生时，领导者通过积极履行职责，硬权力的行使会推动软权力的发展。另一方面，软权力具有非连续性，领导者的软权力是随着领导环境的变化而变化的，它与领导事件直接相关，随着领导事件的发生而发生，随着领导事件的消失而消失。同时，领导者的软权力和硬权力一样是有限的，只是在某一领导事件发生时才会产生软权力；当没有领导事件发生时，领导者实际上没有也不需要发挥作用，这个时候根本就不存在软权力。领导用权的关键迫切要求理解和把握软权力，领导者不应只是被动地接受追随者的影响力，而应主动地利用自己的优势积极影响追随者，将追随者分散的力量形成合力，实现领导者与追随者的共同目标。

　　领导用权的关键迫切要求理解和把握软权力，领导者不应只是被动地接受追随者的影响力，而应主动地利用自己的优势积极影响追随者，将追随者分散的力量形成合力，实现领导者与追随者的共同目标。

结　语

　　面对领导环境的多元和多变，领导权力的内容和形式都发生了变化，在当今社会的变革情境中，它需要体现一代新人的价值取向，回应"为什么领导"的问题。

　　领导权变艺术是领导实践过程中的全面而又深刻的互动，主要包括领导授权艺术、领导应变艺术和领导求变艺术。展开来看，领导授权艺术是因人而授的艺术、因事而授的艺术和因需而授的艺术的结合，领导应变艺术是因人而异的应变、因时而变的应变和因地制宜的应变的结合，领导求变艺术是远近相济的求变、难易并进的求变和软硬兼施的求变的结合。领导权变艺术是"变"与"不变"的统一，"变"中有其"不变"的原则，"不变"中有其"变"的灵活，它们都是领导实践的现实需求。

领导科学是在历史的反复演进和文化的多元碰撞中形成的，它是由生动活泼的领导实践之"根"、四大基本领导理论之"干"、若干具体领导观点之"枝"和五彩斑斓的领导案例之"叶"组成的理论体系。这个过程主要存在着三大基本要素——领导者、追随者和领导情境。第一，领导特质理论注重领导者的特殊素质，以及什么样的人可以成为领导者。第二，领导行为理论同时关注领导者和追随者，以及什么是领导活动的核心行为。第三，领导情境理论的关注重点包括领导者、追随者和领导情境，以及怎么样匹配取得良好的领导绩效，这是相对被动的应变。第四，领导变革理论不但关注领导者、追随者和领导情境的匹配，而且主张通过积极变革，实现领导价值，这是更为主动的求变。

在当今全球化的背景下，领导活动要不断地对内改革，解放思想、实事求是；对外开放，与时俱进、开拓创新。领导者看问题不能局限于一时一事，必须考虑它对未来会产生什么样的影响；看问题不能局限于一城一地，必须考虑它对全局会产生什么样的结果。遇到事情应该多问自己几个为什么，直至追问"将来会怎样"，而不仅仅是"现在该怎么办"。明朝思想家袁了凡在《了凡四训》中提出："乃知人之为善。不论现行而论流弊；不论一时而论久远；不论一身而论天下。现行虽善，而其流足以害人，则似善而实非也。"领导实践需要为子孙万代计，为长远发展谋，从根本上谋划解决之道，让领导制度和领导文化相互滋润、相互熏陶，形成双轮驱动，共同推动领导实践的发展。领导者应当主动求变，在变化中推动变革，在变革中实现价值，这不单是领导科学理论的来龙，而且是领导活动实践的去脉，它们持续地呼应领导活动的需要。

延伸学习

变革领导力学堂

第六章

领导力提升的方法艺术

∶

领导力提升的方法艺术

| 领导力的耐力 → | 领导力的魅力 → | 领导力的魄力 |

| 领导者的智德 | 领导者的仁德 | 领导者的勇德 |

| 领导的做事 | 领导的处世 | 领导的谋势 |

导　言

一般说来，人类社会发展进步过程主要分为两个阶段：一是，个体力量弱、文化素质低、自尊需求较低、资源相对稀少的阶段；二是，个体力量强、文化素质高、自尊需求较高、资源相对充分的阶段。在社会生活中存在着这样的一个普遍规律：权力是依赖的函数，社会成员之间的信息资源以及信息资源的处理机制发生了变化，出现了很多横向的信息传递渠道，不再是简单的纵向传递路径，尤其是网络产生对信息发生和发散的影响，社会环境的巨大变化使得原有的依赖关系相应地变迁。在此背景下，各种类型的领导者，无论是家庭里面的家长，还是工作过程的上级，务必实现一种转变，从以权力的获得为重心转向领导力的提升为根本。

各种类型的领导者，无论是家庭里面的家长，还是工作过程的上级，务必实现一种转变，从以权力的获得为重心转向领导力的提升为根本。

从广义上来说，领导力是一种全方位的影响力，外在的领导力提升务必通过内在的领导者成长，这是在多样而又多变的领导实践中展开的。人类的心理有知、情、意三个部分，这三部分圆满发达的状态，我们的先哲名之为智、仁、勇"三达德"，孔子在《论语·子罕》中说："知者不惑，仁者不忧，勇者不惧。"当我们怀疑、沉闷时，便是因为不知才会惑，知育要教导人不惑；当我们悲哀、痛苦时，便是因为不仁才会忧，情育要教导人不忧；当我们觉得不能抵抗外界的压迫时，便是因为不勇才会惧，意育要教导人不惧。由此可知，心理学的研究成果与孔子提出的原理是相通的，孔子的"智仁勇"三达德和心理学的"知情意"三部分是可以内在地结合起来的。

> 人类的心理有知、情、意三个部分，这三部分圆满发达的状态，我们的先哲名之为智、仁、勇"三达德"，孔子在《论语·子罕》中说："知者不惑，仁者不忧，勇者不惧。"

从纵向的三步来看，领导实践是逐步深入的。首先，每个人一定会经历失败，经历失败之后需要能够爬起来继续向前，容忍挫折对任何人都非常重要。领导者需要避免这样的状态：碰到一点压力就把自己变成不堪重负的样子，碰到一点不确定性就把前途描摹成暗淡无光的样子，碰到一点不开心就把它理解为这辈子最黑暗的时候。其次，生活中喜欢花的人通常会去摘花，把花据为己有，然而，真正爱花的人则会去给花浇水，让花茁壮成长。同时，一个群体也需要坚韧的品质，这是因为我们不得不面对人与人之间的联结正在变得愈发脆弱的困境，为了摆脱这种困境，需要我们尝试以别人的角度来看这个世界，友善地表达不同的意见，找回我们共同的集体归属感。最后，为了能够在领导实践中从容应对，领导者务必有面对失败的应对机制：一方面，兼容性很强，可以随时跟外界发生关系；另一方面，独立性很强，可以随地独当一面。在时间的长河中，领导者需要从容决断，坚定作为。

从横向的三节来看，领导实践可以概括为三个"shi"，即做事、处世和谋势，三者之间的内在联系规定着领导力的三个组成部分，即做事的领导力的耐力、处世的领导力的魅力和谋势的领导力的魄力。在领导力（Leadership）的框架中，三者之间的逻辑关系是，领导力（Leadership）提升是外在的，领导者（Leader）修炼是内在的，领导（Lead）实践是基础的，内在逻辑是领导力的是什么、领导者的需什么和领导的为什么。首先，领导力的耐力提升包括领导力的耐力、领导者的智德和领导的做事；其次，领导力的魅力提升包括领导力的魅力、领导者的仁德和领导的处世；再次，领导力的魄力提升包括领导力的魄力、领导者的勇德和领导的谋势。可以说，耐力、魅力和魄力这三力综合作用，合为领导力这一个力，它遵循的内在逻辑是：领导力（Leadership）的耐力、魅力和魄力；领导者（Leader）的智德、仁德和勇德；领导（Lead）的做事、处世和谋势。"领导力提升的方法艺术"是从方法的一般性和艺术的特殊性的反复结合中探讨领导力的提升的，既需要遵循一般性的规律，这是方法层面的；又务必注重特殊性的运用，这是艺术层面的。

第一节　领导力的耐力提升

在社会生活中，事物发展是螺旋式上升、波浪式前进的，与此同时，人类知识是从实践到认识、从认识到实践交互的，这种内外原因的结合导致领导过程的渐进性。北宋著名文学家苏东坡在《晁错论》中说："古之立大事者，不惟有超世之才，亦必有坚忍不拔之志。"领导力的耐力产生于风云变幻、波诡云谲的领导实践过程。不管我们的力量看上去多么渺小，我们的目标看上去多么遥远，领导务必相信自己行动的力量。在保持充分自信的基础上，我们立足于最困难、最复杂的情况，能够用更加长远利益的追求超越相对眼前困境的羁绊，抓住过程中的各种事件为契机，在逆境中做到忍耐，在顺境中做到收敛，不管风吹浪打，胜似闲庭信步，在起起伏伏的进程中，绵绵用力，久久为功。

> **提炼 19　领导力的耐力提升 = 领导力的耐力 ×**
> **领导者的智德 × 领导的做事**

一、领导力的耐力

在领导实践的过程中，"领导就是服务"的理念已经深入人心，不过需要明确的是，领导服务是一个超越一般后勤意义上的概念，它是具有相当高度的服务，前瞻性应该是领导提供的最大服务。这种前瞻性从来不会倾心于已经取得的成绩，而是专注于可能出现的风险，以及克服这些风险之后可能带来的金碧辉煌和灿烂多姿。在一维性时间的框架里，领导者需要积极解决难题，正如英国大戏剧家莎士比亚所说："聪明人永远不会坐在那里为他们的损失而哀叹，却情愿去寻找办法来弥补他们的损失。"领导力的耐力处于至关重要的地位，既要琢磨领导实践的环境，把握其运行规律；又要积极打磨领导过程的困惑，解决其发展路径。

> 领导力的耐力处于至关重要的地位，既要琢磨领导实践的环境，把握其运行规律；又要积极打磨领导过程的困惑，解决其发展路径。

任何领导实践都是在一定的时间和空间范围内发生的，在此过程中需要鲜明的时空观，既关注特定的时空，又务必超越特定的时空，琢磨时代的机遇与挑战。1945 年 8 月，抗日战争胜利后，人们期待已久的和平初现曙光，蒋介石打着和平的幌子调动国民党军队占领全国各地，并且连拍几封电报邀请毛泽东到重庆共商和平大计。毛泽东一眼就看穿蒋介石的伎俩，但经过再三权衡，他决定亲赴蒋介石摆下的"鸿门宴"。谈判期间，国民党军队一再进犯上党地区，在打与不打的问题上，党内存在分歧，毛泽东对此提出的要求是狠狠地打，说道："你们打得越狠，我在重庆就越安全。"在复杂多变的领导实践中，领导者需要辩证思维，能够一分为二地看待问题，琢磨领导实践的复杂状况，容不得彷徨、犹豫和懈怠，需要利用好时间这个最稀缺的资源，保持"马上就办、马上就做"的精神，突出重点、突破难点。

在复杂多变的领导实践中，领导者需要辩证思维，能够一分为二地看待问题，琢磨领导实践的复杂状况，容不得彷徨、犹豫和懈怠，需要利用好时间这个最稀缺的资源，保持"马上就办、马上就做"的精神，突出重点、突破难点。

在《战国策·楚策四》中，有一个大家熟知的寓言故事"亡羊补牢"：从前，有个人养了一圈羊，一天早晨，他突然发现少了一只羊，仔细一查，原来羊圈破了个窟窿，夜间狼钻进来，把羊叼走了一只。邻居劝他说："赶快把羊圈修一修，堵上窟窿吧。"那个人不肯接受劝告，竟然回答说："羊已经丢了，还修羊圈干什么？"第二天早上，他发现羊又少了一只。原来，狼又从窟窿中钻进来，叼走了一只羊。他很后悔自己没有听从邻居的劝告，便赶快堵上窟窿，修好了羊圈。从此，狼再也不能钻进羊圈叼羊了。"亡羊补牢"给后人的启示是，事情发生错误以后，如果赶紧采取措施挽救，还不为迟。针对已经发生的领导活动，领导者需要辩证地看待其得与失，进而探求导致这种所得与所失的根本原因，据此采取相应的突破之策。

二、领导者的智德

在外在的领导力的耐力提升过程中，内在的领导者的智德奠定着基础，这里的智德是在曲折和磨难中感受世界、感悟人生，尤其在身处困境时，能够做到淡定自若。中国北宋时期的著名文学家苏洵说道："为将之道，当先治心。泰山崩于前而色不变，麋鹿兴于左而目不瞬，然后可以制利害，可以待敌。"这句话告诉我们，将帅首先应当修炼自己的心志。哪怕泰山在面前崩塌，脸色也不会改变；哪怕麋鹿在身边奔跑，眼睛也不会眨一下。在外在的"山重水复疑无路"的熔炉中，真正的领导者善于超越眼前的纷繁万象，达到内在的"柳暗花明又一村"的顿悟，这是实现更大价值追求的关键要素。在历史的滚滚洪流中，无数事实一再证明了这样的一条规律：几乎所有伟大的人和伟大的事业都是从同逆境的角斗中产生出来的，在那崎岖山路的攀登上，只有不畏劳苦和艰险的领导者才有希望到达光辉的顶点。

> 中国北宋时期的著名文学家苏洵说道："为将之道，当先治心。泰山崩于前而色不变，麋鹿兴于左而目不瞬，然后可以制利害，可以待敌。"

云南褚橙的创始人褚时健先生有一句很励志的话："人在

任何时候精神都不能垮，在任何情况下，都应该有所作为，这是对自己负责任。人不光要承受苦难，还要有战胜苦难的能力。"他自己的经历就是一幅生动的写照，之所以在经历人生低谷后，八十多岁还能东山再起，就是源于他极度的敬业精神。和他相处过的人都会发现，褚老种橙子的时候，就秉承要创造最好橙子的理念，为了种出这样高质量的橙子，他几乎整天泡在果园里，并四处寻找各种专家快速地学习，终于创造出褚橙佳品，让这种以褚老命名的橙子能够畅销各地。当我们把历史书翻回到 2000 多年前，《孟子·告子下》对人的成长有一段经典的概括："舜发于畎亩之中，傅说举于版筑之中，胶鬲举于鱼盐之中，管夷吾举于士，孙叔敖举于海，百里奚举于市。故天将降大任于斯人也，必先苦其心志，劳其筋骨，饿其体肤，空乏其身，行拂乱其所为，所以动心忍性，曾益其所不能。"在这一段话中，孟子举出了六位出身不同行业的杰出领导者，并且归纳道，上天要把重任降临在这些人的身上，一定要先创造各种各样的逆境，以此激励他们的心志，使他们性情坚忍，增加他们本来所不具备的素质。更精确地说，只有经历逆境，并且能够在逆境中成长，才能堪当大任。

在领导者的成长中，超越了具体事件本身的好与坏，花样翻新的熔炉是必要的，只有历经万难而不悔，方可担当重任。沃伦·本尼斯认为："熔炉是问这样一些根本问题的地方：我是谁？我可以是谁？我应该是谁？我应该怎样跟我之外的世界发生关系？"这样的思考促使了人生决断，完成了领导者成长过程的基础性步骤。面对人生的风风雨雨、坎坎坷坷等"熔炉"，我们怎么去承受它，怎么去理解它，怎么去突破它，这需要"顿悟"。在领导者的"熔炉"的量的积累和"顿悟"的质的变化过程中形成，领导者的人生之旅即为锻造自身的"熔炉"，与之伴随的真切的心灵感悟则为"顿悟"。取得无上成就的领导者必得先承受苦难，脱胎换骨，而后超越自我。沃伦·本尼斯研究概括了领导者的四大特征，包括适应能力、创造共识、独特的声音和操守，如下图所示。

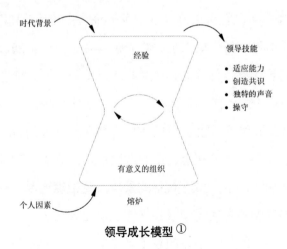

领导成长模型 ①

_____

① ［美］沃伦·本尼斯、罗伯特·托马斯：《极客与怪杰：领导是怎样炼成的》，杨斌译，机械工业出版社 2003 年版，第 90 页。

在领导者的"熔炉"的量的积累和"顿悟"的质的变化过程中形成，领导者的人生之旅即为锻造自身的"熔炉"，与之伴随的真切的心灵感悟则为"顿悟"。

更进一步来看，这些不断的艰难险阻在领导者成长过程中起到了不凡的作用，正是它们的恩赐积累了领导者的内在动力，促进了他们的自我成长。1960 年尼克松在竞选总统时败给肯尼迪，他无数次告诫自己："有时一次战役的失败正是为了赢得整个战争。"一个人早期事业中遇到的挑战、挫折和磨难，可能成为他人生中最重要的经历和财富，随着社会经历的不同而产生某些重大改变，积累起来的影响就可能极为显著。只有领导者积极对待经历的千难万险，这样的艰难困苦才可以成为领导者的熔炉，否则就是火炉，甚至火坑，将他们陷于万劫不复之地，此时，成败不在于环境的优劣，而在于他们是否积极地对待逆境。领导智慧可以说是适用的知识，通过独立思考可以逐渐明辨是非，智慧也就逐步形成。

只有领导者积极对待经历的千难万险，这样的艰难困苦才可以成为领导者的熔炉，否则就是火炉，甚至火坑，将他们陷于万劫不复之地，此时，成败不在于环境的优劣，而在于他们是否积极地对待逆境。

三、领导的做事

领导是在实践基础上推进的，万丈高楼平地起，以领导的做事为基础，磨炼领导者的智德，进而提升领导者的耐力。《财富》杂志主编吉夫科文说："企业家的格局决定企业的结局，企业家的高度决定企业的高度。"这句话可以浓缩为"格局决定结局"。放到更大的范围看，领导者的格局是决定领导活动结局的关键因素。当我们更深层次地追问，领导者的格局又是如何形成的呢？归根结底，是由他的眼界决定的，每一个人的眼中有着不同的世界，所谓"眼界决定世界，格局决定结局"。常识告诉我们，再大的饼也大不过烙这个饼的锅，如果事业是饼，格局就是烙饼的锅，事业的发展只可能在格局奠定的范围内展开。古往今来，凡成大事者，必先以格局取胜，格局既是心理空间，更是综合素养。

> 常识告诉我们，再大的饼也大不过烙这个饼的锅，如果事业是饼，格局就是烙饼的锅，事业的发展只可能在格局奠定的范围内展开。古往今来，凡成大事者，必先以格局取胜，格局既是心理空间，更是综合素养。

领导格局需要从多维度来看，有的人只用"直角"来看世界，只能看到事物的一个扇面或者一个侧面；有的人可用"广角"来看，看到的是更为精彩的大部；有的人则用"全角"，他们眼观六路，耳听八方，通晓古今，视野宏阔，看到的是完整的世界，突破了"横看成岭侧成峰，远近高低各不同"的困局。马云在谈到自己成功的体会时说："永远不要跟别人比幸运，我从来没想过我比别人幸运，我也许比他们更有毅力，在最困难的时候，他们熬不住了，我可以多熬一秒钟、两秒钟。"领导者在处理事情的时候，不能够钻牛角尖，务必懂得拉伸事物宽度来看待自己的问题。更进一步的是，可以拉长时间的角度来看待这个问题，从未来的视角看待现在的问题，比如说，针对此时此刻面临的问题，可以考虑一种情境，如果这个问题放到十年后，我会怎么看待它，用未来眼光，进行一场未来的自己与现在的自己之间的对话。如此高度的思维质量有助于抓住事物的要害、把握事物的规律，在充满多变性、复杂性和模糊性等不确定性的世界中找准方位、精准定位，既不会过于纠结，也不会被问题长期困扰。

> 从未来的视角看待现在的问题，比如说，针对此时此刻面临的问题，可以考虑一种情境，如果这个问题放到十年后，我会怎么看待它，用未来眼光，进行一场未来的自己与现在的自己之间的对话。

领导活动的结果导向务必要有相应的结局的呈现，这是对领导格局的必然交代和回应，通过领导活动的精心布局链接领导格局和领导结局。领导学者罗伯特·冈瑟说："专注于每一个小目标，这种方式可以使你每一次都朝着大目标迈进一步。"[1]在领导格局打开的背景下，想象未来 10 年、20 年甚至更长时间的变化，再一步一步地往回走，想想实现理想所需要具备的条件，再从一点一滴的小事上逐步满足需要的相应条件。"一口吃不成胖子，一步跨不到天边。"领导者开始做事之前都会在心中有所规划，在做出规划之后，才会去执行这件事，领导活动还需要相应的精心布局，分步组织实施，进而产生期待中的相应结局。在一步一步地实现自己的理想的过程中，领导者需要坚定自己的目标，清楚知道自己想要什么，这样才不会在实现理想的道路上，因为受到外界因素的过多影响而半途而废。

> 在一步一步地实现自己的理想的过程中，领导者需要坚定自己的目标，清楚知道自己想要什么，这样才不会在实现理想的道路上，因为受到外界因素的过多影响而半途而废。

---

[1] [美] 罗伯特·冈瑟：《决策的真理》，王磊译，人民邮电出版社 2011 年版，第 139 页。

　　无论遇到领导实践过程中的何种挫折，真正的领导者需要记住三句话：第一，请赐予我宁静，好让我能够接受，我无法改变的事情；第二，请赐予我勇气，好让我能够改变，我能够改变的事情；第三，请赐予我智慧，好让我能够区别，以上这两者的不同。此时，领导者务必先做减法，或抓大放小、或以大兼小、或以小带大，把主要精力投入到领导过程的关键环节中，从静处体验，在事上磨炼，在"以时间换空间"和"以空间换时间"的交替中匍匐前行。从理解和破解的结合中把握领导力的耐力，从熔炉和顿悟的配合中发展领导者的智德，从格局和结局的契合中统筹领导的做事，在巨大的耐力中整理思路、开辟新路。

第二节　领导力的魅力提升

　　在领导过程中，领导者须正确看待自己、正确看待追随者发挥着基础性的作用。只有形成他们之间的良性互动，才能携手走进世界，进而推动世界。沃伦·本尼斯说："我们都是单翼的天使，只有相互拥抱才能飞翔。"①领导力的魅力产生于领导者与追随者的互动关系中，相互拥抱是必要的，因为我们都是"单翼"，有着各自的不足；相互拥抱是可能的，因为我们都是"天使"，欣赏彼此的优点。领导力的魅力是由内而外散发光芒的一种状态，从结果上看，追随者积极接近领导者，即使领导者貌不惊人或者才不出众，领导者也强烈地吸引着追随者；从原因上看，它源自领导者持续满足追随者的需要，并且存在这样的一个规律，只有始终追随追随者、持续满足追随者，才能拥有追随者，才是真正意义上的领导者。

> **提炼 20　领导力的魅力提升 = 领导力的魅力 ×
> 　　　　　领导者的仁德 × 领导的处世**

一、领导力的魅力

1949 年 3 月 13 日，毛泽东在《党委会的工作方法》中说："我们都是从五湖四海汇集拢来的，我们不仅要善于团结和自

---

① [美] 沃伦·本尼斯：《领导的轨迹》，姜文波译，中国人民大学出版社 2008
　年版，第 125 页。

己意见相同的同志，而且要善于团结和自己意见不同的同志一道工作。"①领导活动围绕着多数人的利益展开，又必然需要多数人的参与，客观上，这依靠认识更多人的价值，发挥更多人的优势，透过团结合作让每个人的优势最大化。领导过程应该兼容并包、兼收并蓄，寻求成员之间的最大公约数，找到最大共识度，在通常情况下，领导者之间既最需要达成共识，也最容易达成共识。在这个过程中，领导者对己保持姿态从容，坚持自己的观点或者特色；对人保持心态包容，悦纳他人的不同观点或者不同风格。更进一步地，两者的关系可以概括为：对己从容可以更加对人包容，通过充分地相信自己，自信而不自恋，保持开放的心态，不惊不怒、不骄不怯，更加容易包容他人，感受他们的多角度思考；对人包容才能对己更加从容，通过尊重不同的人，听取他们不同的意见，吸取其中的有益成分，水低为王、山高为峰，让自己不断丰富和充实，锻造更为从容的状态。

> 领导过程应该兼容并包、兼收并蓄，寻求成员之间的最大公约数，找到最大共识度，在通常情况下，领导者之间既最需要达成共识，也最容易达成共识。

---

① 《毛泽东选集》第四卷，人民出版社 1991 年版，第 1443 页。

领导者既能仰望星空，又能脚踏实地；既能享受阳光灿烂，又能承受风雨萧瑟，才是真正的"大将风度均从容"。美国前总统尼克松说道："伟大的领导者从他们的失误中要比从他们的成就中学到更多的东西。"①在谈到自己的经历时，他深有感触地评论道："在我不当副总统以后到就任总统之前，是我最宝贵的一段岁月。在这个时期，我得以从纷繁的事务中脱出身来，更加仔细认真地回顾过去，展望未来。"②这样的事例在世界领袖成长史上不胜枚举：戴高乐在曾经在野的一段岁月里，阿登纳在监狱和修道院时，丘吉尔在不当政的时候，加斯贝利在梵蒂冈图书馆的日子里，对这些人来说，那段历史的关键是他们有时间去反省自己过往岁月中的行为。对于真正的领导者来说，他们每时每刻都在修行：先处理心情，再处理事情；先处理情绪，再处理情况。

> 对于真正的领导者来说，他们每时每刻都在修行：先处理心情，再处理事情；先处理情绪，再处理情况。

俗话说：小器容物，大器容人。这句话揭示的道理是，能

① ［美］理查德·尼克松：《领袖们》，人民出版社 2010 年版，第 65 页。
② ［美］理查德·尼克松：《领袖们》，人民出版社 2010 年版，第 366 页。

够容得下有形物体的只是小的容器，能够容得下不同类型的人才
是真正大的容器。领导者对不同出身、不同领域和不同层次的人
需要包容，体现于三方面：其一，既容人之敬，又容人之疏，既
不能因为赢得敬重而飘飘然，忘乎所以，也不能因为有距离感而
惶惶然，不知所措；其二，既容人之长，又容人之短，既能够欣
赏他人的优势和长处，也能够宽恕他人的劣势和短处；其三，既
容人之功，又容人之过，既能够积极认可他人的有益之功，又不
会消极计较他人的无心之过。包容在领导过程中是既肯定自
己，也承认他人，这是通过相互认同、彼此借鉴。

二、领导者的仁德

孔子在《论语·雍也》中说："夫仁者，己欲立而立人，
己欲达而达人。"在社会生活中，仁者爱人，真正的仁者都会
做到爱人，可以说，立己、达己是基础，立人、达人是归宿。
在领导实践过程中，从领导者仁德的角度而言，"仁官爱民"，
具备仁德的领导者一定会关爱下属。领导者的仁德能够进退自
如：下马为民，做人一定要像人；上马为官，做官不能太像官。
李嘉诚作为杰出的企业家，他的"创造自我，追求无我"与此
具有异曲同工之妙：在芸芸众生中把自己越做越强大，就会超
越别人，创造自我；再让自己化解在芸芸众生中，不要压迫别

人，追求无我。从领导学的逻辑分析，领导者的仁德是用己与用人的统一，两者的关系是辩证的：创造自我意味着用己，发展展现自己；追求无我方可用人，不断影响他人。

> 领导者的仁德是用己与用人的统一，两者的关系是辩证的：创造自我意味着用己，发展展现自己；追求无我方可用人，不断影响他人。

领导者的仁德务必以用己为基础，用己需要把省察本人和控制本人结合起来。其一，省察本人需要领导者不忘初心、牢记使命，领导的初心回答的是"为什么领导"这个根本的出发点问题；使命包括组织使命和个人使命，实现从普通人"我想做什么"的荣誉感到领导者"我该做什么"的使命感转变。其二，控制本人包括心态积极、行为规范，任何一场小冲击都会把玻璃心碎成玻璃碴，要么扎到别人、要么伤到自己，领导者需要丢掉玻璃心，能够主宰自己的情绪，时刻警惕自我膨胀和他人吹捧，才是真正地主宰自己的人生。领导学有一个蓝斯登原则，它的基本内容是：在你往上爬的时候，一定要保持梯子的整洁，否则，你下来时可能会滑倒，也就是说，进退有度，才不至于进退维谷；宠辱皆忘，方可以宠辱不惊。

领导者的仁德不但以用己为基础，而且以用人为归宿，能够积极地认识和影响他人。大思想家孔子有天外出，天要下雨，可是他没有雨伞，有人建议他说：子夏有雨伞，您跟子夏借吧。孔子一听就说：不可以，子夏这个人比较吝啬，我借的话，他不给我，别人会觉得他不尊重师长；给我，他肯定要心疼。从这个故事可以得到的启发是：我们和人交往时，要知道别人的短处和长处，不要考验别人的短处，否则友谊就不会长久。领导用人的过程，是洞察他人和影响他人的结合，其中，洞察他人主要是德行和功能，曹操说："不官无功之臣，不赏不战之士；治平尚德行，有事赏功能。"德行作为内在标准只有体现在外在事物上才有更大的社会意义，作出贡献在推动社会进步中是一种极大的德行。在此基础上，影响他人是在领导实践中建立人与人之间的关系，以内心的善意为出发点，即使"物质得不了"，也要让"精神了不得"，通过物质因素和精神因素的结合影响他人。

三、领导的处世

在社会生活中，人的境界是有高低之分的，主要分为三层：第一种人，自己就是世界，世界就是自己，他们只为自己活着，谋的是一己之私，这种人局限于"自我"的羁绊；第二种人，世界就是"圈子"，"圈子"就是世界，他们只为小团体活着，谋的是少数人的利益，这种人跳不出"小我"的束缚；第三种人，世界就是他人，他人就是世界，他们为众人活着，满怀兼济天下之志，谋的是大众的利益，这种人达到了"无我"的境界。明朝思想家洪应明在《菜根谭·概论》中说："处世让一步为高，退步即进步的张本；待人宽一分是福，利人实利己的根基。"这句话揭示了一个道理：为人处世以遇事都要让一步的态度才算是最高明的人，因为让一步就等于是为日后进一步留下了余地；而待人接物以抱宽厚态度的人最为快乐，因为给人家方便就是日后给自己留下方便的基础。从领导处世的角度看，既需要服务追随者的情怀，又需要容纳追随者的胸怀，做到情怀与胸怀的辩证统一。

> 明朝思想家洪应明在《菜根谭·概论》中说："处世让一步为高，退步即进步的张本；待人宽一分是福，利人实利己的根基。"

领导者的情怀始终流淌在他们的血液中，身处军阀混战时期的中国，毛泽东在 1925 年的《沁园春·长沙》中发出感慨："怅寥廓，问苍茫大地，谁主沉浮？"这种忧虑国家混乱局面的情怀反映了毛泽东同志更高更广的追求。对于领导者来说，这种情怀具有普遍性，企业家之间的核心差别不是金钱的多少甚至企业的大小，而是他们的家国情怀，因为手段服从于目的，价格服务于价值。任正非是一位有强烈家国情怀的企业家，华为始终扎根于中国，不在海外注册，不在境外上市，他说："我们永远不会上市。我们上市就是赚几百个亿又有什么意义呢？我们对钱看不上，我们就是对长远的战略感兴趣。"任正非领导的华为抵挡住了堆着金山银山的资本市场的诱惑，坚决不上市融资，而是始终扎根于通信产业，一直将那些一度高不可攀的世界知名企业远远甩到身后，成为行业翘楚。任正非自己仅留下 1.4% 的股份，而将公司 98.6% 的股份分给了数万名华为员工，每年还将公司利润全部分给员工。在全球 500 强榜单上，华为的排名已经是连续三年大幅提升，从 2015 年的第 228 名到 2016 年的第 129 名，到 2017 年的第 83 名，再到 2018 年的第 72 名。

> 对于领导者来说，这种情怀具有普遍性，企业家之间的核心差别不是金钱的多少甚至企业的大小，而是他们的家国情怀，因为手段服从于目的，价格服务于价值。

在领导处世的过程中，在领导者家国情怀的前提下，通过博大的胸怀团结各方人士、各路豪杰更为关键。没有完美的个人，却可以有完善的团队。成员各有特点，需要领导者的包容。领导者的胸怀务必具备广度，并且，宽广的胸怀可以加以"量化"，主要有三个层面：第一种人是"坑量"，他们的心胸像水坑一样小，逢水则盈、遇旱则干，心里装不下别人，或者自我封闭、自以为是，容不下不同意见，或者患得患失、睚眦必报，让别人过得不痛快，自己也活得很辛苦；第二种人是"湖量"，他们的心胸虽有一定容量，但局限于某时某地，只是有选择地部分开放，盛不下社会的风风雨雨和人生的潮起潮落，做不到宠辱不惊；第三种人是"海量"，他们的心胸像大海一样广阔，有兼容并蓄之德、吞天吐地之量，能忍世人难忍之苦，能容天下难容之事，顺境时不张狂，逆境时亦坦荡。第三种人才具有领导者的素质，正如古人所说："将军额头能跑马，宰相肚里能撑船。"在领导实践中，"额头能跑马"方为将军，"肚里能撑船"才是宰相。

> 在领导处世的过程中，在领导者家国情怀的前提下，通过博大的胸怀团结各方人士、各路豪杰更为关键。
>
> 正如古人所说："将军额头能跑马，宰相肚里能撑船。"在领导实践中，"额头能跑马"方为将军，"肚里能撑船"才是宰相。

总体来看，领导活动的实践主体和价值主体都是人，人处于其中的核心地位，领导者务必满足他们精神层面的"仙"的需要和物质层面的"俗"的需要，打造交换型领导与变革型领导相结合的团队。詹姆斯·麦格雷戈·伯恩斯说："在真正的生活中，对领导者的最实用的建议，就是不要将卒子当卒子一样对待，也不要将王当王一样对待，而是将所有人当人一样对待。"① 无论领导者面对什么样的对象，需要培养的一条基本信念是：在人之上，要把人当人；在人之下，要把自己当人。在领导力的魅力提升过程中，从包容和从容的结合中把握领导力的魅力，从用己和用人的配合中发展领导者的仁德，从情怀和胸怀的契合中统筹领导的处世，在强大的魅力中发展自己、惠及社会。

第三节　领导力的魄力提升

《易经》六十四卦的最后一卦是"未济"卦，这一卦揭示

---

① ［美］詹姆斯·麦格雷戈·伯恩斯：《领袖》，常健等译，中国人民大学出版社 2007 年版，第 516 页。

了宇宙和人生是永远不会圆满的规律，正是这永远不会圆满的宇宙容得下我们永远的创造与进化。司马迁在《史记》中说："顺，不妄喜；逆，不惶馁；安，不奢逸；危，不惊惧；胸有惊雷而面如平湖者，可拜上将军。"顺不妄喜是看透得失，逆不惶馁是心态平淡，安不奢逸为执着进取，危不惊惧是镇定自若，内心壮志凌云、表面平静如水的人，堪当重任。领导实践是在领导环境的综合作用中展开的，领导者需要感知领导环境的变化，并且能够适应必然或偶然的变化，保持内心淡定。领导力的魄力是把握规律性、发挥主动性和富于创造性的过程，在晦暗难明和变幻莫测时保持沉着冷静，积极等待诸种因素的有利变化，捕捉稍纵即逝的机遇，担起可以并且应该担起的责任。

> ## 提炼 21　领导力的魄力提升 = 领导力的魄力 × 领导者的勇德 × 领导的谋势

一、领导力的魄力

1958 年 7 月 1 日，毛泽东在《七律二首·送瘟神·其一》中写道："坐地日行八万里，巡天遥看一千河。"一日行程八万里是地球自转在不知不觉中带来的，领导实践需要尊重规律，在领导的局限时空条件下，只有有所不为，方可有所作为，领导的无为既不是无所作为，又不是无所不为，领导的"无为"和"有为"是辩证的，换句话说，只有保证"无为"，才能真正"有为"。领导力的魄力不但体现为对内的清廉，保证不做不该做的事；而且体现为对外的进取，保障做应该做的事。

> 在领导的局限时空条件下，只有有所不为，方可有所作为，领导的无为既不是无所作为，又不是无所不为，领导的"无为"和"有为"是辩证的，换句话说，只有保证"无为"，才能真正"有为"。

西安碑林博物馆现存一个三十六字官箴的石碑，上面写道："吏不畏吾严而畏吾廉，民不服吾能而服吾公。公则民不敢慢，廉则吏不敢欺。公生明，廉生威。"

这幅官箴告诫领导者：属下不惧怕我严格，可是敬佩我清正廉洁；百姓不一定佩服我有多大的本领，但会佩服我公正无私。公正无私，百姓就不会轻蔑；为官清廉，属下就不敢蒙骗。公正无私产生明察，为官清廉产生威望。领导力产生于追随者的信服和认同，这是以领导者的自律为前提的。20 世纪 60 年代，陈云的夫人于若木刚买了一床毛巾被，第二天报纸就登出消息说，国家经济已经恢复到一定水平，即日起，高价产品降为平价产品。于若木向陈云抱怨，怪他为什么不早点说，害自己花了冤枉钱。陈云回答："我是主管经济的，这是国家的经济机密，我怎么可以在自己家里头随便讲？我要带头遵守党的纪律。"马上就要公布，却依然对家人守口如瓶、不肯通融，因为涉及党和国家的秘密。对于领导者来说，组织赋予权力，既是信任，更是考验，此时，领导者把法律的他律和道德的自律结合起来，以"无为"避免胡乱作为。

> 对于领导者来说，组织赋予权力，既是信任，更是考验，此时，领导者把法律的他律和道德的自律结合起来，以"无为"避免胡乱作为。

领导者既需要消极"无为"，更需要积极"有为"。在全球化的背景下，企业家需要积极有为，我们正面临的形势是，"无生意可做、无工可打、无缝可钻"：无生意可做指"赚差价"的无生意可做，需要买什么、买多少，工厂再生产，没有中间商；无工可打指未来不需要人类打工，人工智能迅猛发展；无缝可钻指信用时代消灭了不公平，一切更公开透明、不可篡改。上海市九江路的中国建设银行已经成为国内第一家无人银行，踏进大门的一刻彻底震撼：找不到一个保安，取而代之的是人脸识别的闸门和敏锐的摄像头；找不到一个大堂经理，取而代之的是对你嘘寒问暖的机器人；更找不到一个柜员，取而代之的是更高效率的智能柜员机；这里没有人，但90%以上现金及非现金业务都能办理。复杂的是需戴上耳机和眼镜，远程一对一，能办的机器人办，不能办的远程给你办，总之就是网点不要人。这里不仅是一家银行，还是一个拥有5万册书的"图书馆"；实现了AR、VR多项技术的"游戏厅"；办理相关业务后，可在智能售货机上领取免费饮品的"小超市"。银行巨变不仅是网点没有了人，就连网点的职能都在发生天翻地覆的变化，这是银行勇敢断臂、拥抱创新的真实写照。历史已无数次证明，滚滚前进的车轮，并不会因为你的担忧而停下，反而会越滚越快，这就是时代的进步。每个人都应该看清当下这个时代，完成对种种决定性因素的切实把握，积极顺应时代发展的趋势，迎接挑战，获取机遇，以"有为"做到积极作为。

二、领导者的勇德

秋收起义以后，毛泽东来到井冈山，了解到当地有一个山大王朱聋子曾总结出了一套与官军作战的经验，那就是"不要会打仗，只要会打圈"。毛泽东认真学习了朱聋子的经验，却又远远高于朱聋子，他把朱聋子的话改为"既要会打圈，又要会打仗"。毛泽东说，我从井冈山开始，既学会了打仗，又学会了打圈，打圈就是从实际出发，在打圈中消灭敌人，在打圈中壮大我们自己。前途是光明的，道路肯定是曲折的，而且比咱们想象的可能还要曲折。在领导实践中，"打圈"的目的不是消极躲避，而是消耗敌人，创造消灭敌人的条件；"打仗"的目的是积极战斗，战胜敌人乃至消灭敌人。在非常态下"打圈"，在常态下"打仗"，领导需要做到将求生存的虚的"打圈"与谋发展的实的"打仗"结合起来。

> 在领导实践中，"打圈"的目的不是消极躲避，而是消耗敌人，创造消灭敌人的条件；"打仗"的目的是积极战斗，战胜敌人乃至消灭敌人。

领导"打圈"最为可贵的地方是在有限条件下、局限时空中和薄弱基础上，从绝望中找希望，精神斗志昂扬。毛泽东说："长征是历史纪录上的第一次，长征是宣言书，长征是宣传队，长征是播种机。"其中，长征中的四渡赤水是他军事生涯中的"得意之笔"，从1935年1月19日至3月22日，四渡赤水战役历时两个多月。红军在这次战役中实行高度灵活机动的运动战方针，纵横驰骋于川、黔、滇边境地区，迂回穿插于敌人数十万重兵之间，积极寻求战机，有效歼灭敌人。四渡赤水战役是毛泽东根据情况的变化，吸取前几次战斗的教训，指挥中央红军巧妙地穿插于国民党军重兵集团之间，灵活地变换作战方向，为红军赢得了时机，创造了战机，在运动中歼灭了大量国民党敌人，取得了战略转移中具有决定性意义的胜利，这是中国工农红军战争史上以少胜多、变被动为主动的光辉战例。美国作家哈里森·索尔兹伯里在所著的《长征——前所未闻的故事》中写道：长征是独一无二的，长征是无与伦比的，四渡赤水是"长征史上最光彩神奇的篇章"。

在领导实践中，只有常态下的"打仗"，才能够让挫折成为转折，赢得发展，可以说，"打圈"是创造机遇，"打仗"才是把握机遇。

三、领导的谋势

清朝学者陈澹然在《寤言二·迁都建藩议》中说道："不谋万世者，不足谋一时；不谋全局者，不足谋一域。"领导活动需要思考未来已来、未来正来或者未来未来的问题，绝对不能依据看起来已经非常清晰，实际却是无用的过去，去武断地判断尚未明确的未来。在预测未来的基础上，提出引领发展方向的行动纲领，这种纲领必须具有战略性，也就是说，在时间上具有前瞻性，在空间上具有全局性。很多决策之所以不好，主要原因在于主体的参与不足，意见不够多，优选余地小，此时形成的往往是"三拍工程"，拍脑袋决策、拍胸脯保证、拍屁股走人的随意决策。在多方参与决策过程的基础上，关键需要决策者放眼全局谋一域，把握形势谋大事，高瞻远瞩，将民主基础上的集中和集中指导下的民主相结合，真正体现与实现民主集中制。领导谋势的过程是多谋和善断的结合，在打开时空的过程中，看到多种可能，千方百计"多谋"；在缩小时空的环节中，抓住时机"善断"。

> 领导谋势的过程是多谋和善断的结合，在打开时空的过程中，看到多种可能，千方百计"多谋"；在缩小时空的环节中，抓住时机"善断"。

在领导谋势的过程中，"多谋"是理所当然的，这个过程需要来自各方面的意见，让它们充分发挥出谋划策的作用。彼得·德鲁克对企业管理的创新有卓越贡献及深远影响，他曾经受到美国通用汽车公司（GM）的邀请，去对当时这个世界上最大的工业企业进行研究。德鲁克遇到了当时 GM 的掌门人、天才的企业家阿尔弗雷德·P. 斯隆，美国麻省理工学院的管理学院就是以他的名字命名的。在美国通用汽车公司期间，斯隆语重心长地对德鲁克说了三句话：第一，我不知道你能干什么，我也不具体要求你干什么；第二，你认为我这个总经理应该干什么，请告诉我；第三，咱们两个不要相互计较。斯隆的这三句话意味深长：每个人都有各自的局限性和不同的倾向性，领导者只有听取多方意见才能真正打开思路，可以从多个角度、多个偏好、多个方面的利益来帮助打开思维的空间，提供更多备选的方案，看到更多潜在的问题。

> 每个人都有各自的局限性和不同的倾向性，领导者只有听取多方意见才能真正打开思路，可以从多个角度、多个偏好、多个方面的利益来帮助打开思维的空间，提供更多备选的方案，看到更多潜在的问题。

在领导谋势的过程中，"善断"是势所必然的，这个过程需要领导者综合各方意见，形成当机立断的方案。明朝学者洪应明在《菜根谭·应酬》中说："无事常如有事时，提防才可以弥意外之变；有事常如无事时，镇定方可以消局中之危。"这句话揭示的道理是，无事时像有事那样时时提防，才能应对意外变故发生；有事时像无事时那样镇定自如，才能消除险情。昨天不能选择，今天可以把握，明天可以开创。

　　明朝学者洪应明在《菜根谭·应酬》中说:"无事常如有事时，提防才可以弥意外之变;有事常如无事时，镇定方可以消局中之危。"

　　总体来看，在领导力的魄力的逻辑中，既有无为、打圈和多谋的三点，又有有为、打仗和善断的三点，两方面需要保持相辅相成的关系。在领导力的魄力提升过程中，从无为和有为的结合中把握领导力的魄力，从打圈和打仗的配合中发展领导者的勇德，从多谋和善断的契合中统筹领导的谋势，在强大的魄力中把握机遇、赢得发展。领导实践既是横向的三个方面，又是纵向的三个层面，既是分别的，又是综合的。

结　语

　　俗话说:"人往高处走，水往低处流。"水从高处流向低处是自然运行的规律，人从低处迈向高处则是社会运行的规律，这既是个人成长的体现，又是社会发展的需要。无论任何组织，其领导者的发展过程都会存在时间上长短不一、形式上表现各异的平台期，这种现象是普遍存在的。对此平台期，有的浑然不觉，徘徊不前，直至职业生涯的终点；有的积极反思，努力突破，达到职业生涯的高点，在此过程中，不断创造社会价值。这个阶段是在诸种因素的综合作用下形成的，集中体现为领导者的素质提升的内在成长与事业发展的外在成长之间的不平衡，通常是由于内在成长不足导致的。在相当的程度上，事业平台期的出现不但是必然的，而且是必要的。

从领导实践的过程来看，事业平台期的出现是必然的。"欲穷千里目，更上一层楼。"任何人要想拥有更加开阔的视野，都需要站到更高的平台，这其中的规律是："更上一层楼，方穷千里目。"只有站上更高的平台，才有可能高瞻远瞩，推而广之，只有领导者自身不断成长，才可以有领导者事业的崭新高度。俗话说："打铁还须自身硬"，与此同时，领导者修炼的路径是："自身硬还须打铁"，通过扎实的打铁，把自己锻造起来。当领导者身处事业平台期的时候，务必进行深入的反思，不断发掘导致事业平台期出现的深层原因，这就是素质瓶颈处，这个过程是由内而外的自信与由外而内的自省相结合的过程。

从领导者成长的过程来看，事业平台期的出现是必要的。拿破仑有一句广为人知的话：不想当将军的士兵不是好士兵。

这句话激发了很多人的奋斗激情。从领导者成长的角度看，千军易得、一将难求，这句话又揭示了领导者成长的难度之大。将军只能来自于沧海横流中，这是由于只有沧海横流"方显英雄本色，尽造领导本领"。对领导者而言，从静态上，需要"在其位，谋其政"；从动态上，需要"谋其政，在其位"。只有优秀的领导者之"为"，包括行为和作为，才可以维护领导者之"位"，包括职位和地位。领导者成长过程的共性规律是，在社会土壤的必要滋养下，组织程序的相应培养下，更为重要的是，个人自身的努力修养下。个人的努力修养是前提，这是因为培养前必须要有修养，培养后更加需要修养。事业平台期给领导者的内在成长创造了条件，在这个过程中，优秀的领导者可以充分地做到：回顾过去，吸收养料；展望未来，筹备草料。

从普遍的意义上来看，领导实践涵盖做事、处世和谋势三个方面，这解决了领导实践"因为什么"的原因问题和"为了什么"的结果问题。领导者的素质是三种身份的综合：既要是能够认真做事的实干家，不折不扣地执行任务；又要是善于处世的宣讲家，积极主动地沟通协调；更要是敏于谋势的战略家，在战略思维中规划未来。那么，面对如此综合的素质要求，领导状态究竟应该是忙碌的、适度的还是从容的呢？这要求三者相辅相成、相得益彰：一方面，在领导实践的横向空间的不同阶层中，基层领导者忙碌、中层领导者适度、高层领导者从容；另一方面，在领导者成长的纵向时间的不同阶段中，基层领导者比较忙碌、中层领导者可以适度、高层领导者务必从容。当年延安的抗日军政大学提出：认字就在背包上，写字就在大地上，课堂就在大路上，桌子就在膝盖上。领导者的学习在于踏过的山山水水和经历的风风雨雨，从风风雨雨中感悟点点滴滴，其目的不仅是知道，更要做到，因为真理的力量不仅来自对真理的学习、掌握，更是在于推动社会的发展。

从领导实践过程的特殊对象来看，为了突破具体领导者的素质瓶颈处，领导者需要做到实践和感悟的结合：从"实"的具体事件中感悟蕴含其中的"虚"的价值。每个领导者都是自成一类的，需要结合各自独特的领导实践，梳理自己的所悟所惑。"千江有水千江月，万里无云万里天。"千江有水，自然就会映出天上的月亮；万里无云，自然就会显露出万里的天空。若想江中有月，重要的不是去追寻月亮，而是要江中有水，自然会有月；若要万里无云，不要去执着于天，而是清除心中的"云"，天自然会显现出来。面对事业平台期的"山重水复疑无路"，找到素质瓶颈处的"柳暗花明又一村"，领导力的提升与领导者的成长是一个问题的两个方面，领导者的成长始终在心中，领导力的提升永远在路上。

延 伸 学 习

变革领导力学堂

参考文献

1.《马克思恩格斯选集》第 4 卷，人民出版社 2012 年版。

2.《毛泽东选集》第一、二、三、四卷，人民出版社 1991 年版。

3.《毛泽东文集》第三卷，人民出版社 1996 年版。

4.《邓小平文选》第三卷，人民出版社 1993 年版。

5.《习近平谈治国理政》第二卷，外文出版社 2017 年版。

6. 刘峰：《领导科学与领导艺术》，高等教育出版社、北京大学出版社 2014 年版。

7. 刘峰：《领导哲学》，国家行政学院出版社 2015 年版。

8.《回忆毛主席》，人民文学出版社 1977 年版。

9.《缅怀毛泽东》上册，中央文献出版社 1993 年版。

10.（汉）许慎撰，（宋）徐铉校定：《说文解字》，中华书局 2013 年版。

11. [美] 詹姆斯·麦格雷戈·伯恩斯：《领袖》，常健等译，中国人民大学出版社 2007 年版。

12. [美] 沃伦·本尼斯：《领导的轨迹》，姜文波译，中国人民大学出版社 2008 年版。

13. [美] 沃伦·本尼斯、罗伯特·汤森：《重塑领导力》，方海萍等译，中国人民大学出版社 2008 年版。

14. [美] 沃伦·本尼斯、罗伯特·托马斯：《极客与怪杰：领导是怎样炼成的》，杨斌译，机械工业出版社 2003 年版。

15. [英] 蒙哥马利：《取得领导的道路》（选译本），中国人民外交学会编译室译，世界知识出版社 1961 年版。

16. [美] 理查德·尼克松：《领袖们》，人民出版社 2010 年版。

17. [美] 罗伯特·K.格林利夫：《仆人式领导》，徐放等译，江西人民出版社 2008 年版。

18. [美] 詹姆斯·M.库泽斯、巴里·Z.波斯纳：《领导力：如何在组织中成就卓越（第 5 版）》，徐中等译，电子工业出版社 2013 年版。

19. [美] 罗伯特·冈瑟：《决策的真理》，王磊译，人民邮电出版社 2011 年版。

20. [美] 约瑟夫·奈：《灵巧领导力》，李达飞译，中信出版社 2009 年版。

后　记

地球自转一周是一天，地球公转一周是一年，时间不以人的意志为转移。在此过程中，领导活动不可局限于"做什么"的事务完成，务必超越到"为什么做"的背景追问，从"因为什么"的角度挖掘。此中充满着无数不确定性，从绝对的不确定性中寻找相对的确定性，领导力因变革而生，从相当程度上来说，《变革领导力》是集体智慧的结晶，我在此表达自己由内而外的三个感恩。

首先，感恩导师的培养。在我潜心研究领导力的 12 年中，一直很幸福地沐浴在中国领导力与领导科学研究的主要开创者刘峰先生的持续关爱中，作为恩师在北京大学的关门弟子，他对我偏爱有加，师恩一直滋润着我、哺育着我，感谢先生一直以来的激励与包容！

其次，感恩家人的陪伴。家是人生最重要的港湾，家人的支持是陪伴我最温暖的阳光。我身兼多职：父亲、儿子、丈夫和哥哥。四大角色融于一身，这是我坦然保持自己的底色，也是从容面对世界的底气。

最后，感恩时代的塑造。任何理论的诞生都离不开时代，时代是诞生理论的沃土，波澜壮阔的伟大时代是领导力的源头活水。

有人说："哲学可信不可爱，文学可爱不可信。"领导学的研究追求哲学的可信与文学的可爱相结合，作为一个求索者，我既不纠结于明确的已来，又不焦虑于期待的未来，而是不断感受心灵的呼唤、响应时代的召唤。正如领导者的成长一样，领导力的研究是一段探索之旅，它只有进行时，没有完成时，永远在路上。

陈纪稳谨识

未名湖畔

2019 年 4 月 21 日

责任编辑：武丛伟

装帧设计：王欢欢

图书在版编目（CIP）数据

变革领导力 / 陈纪稳 著 . —北京：人民出版社，2019.10

ISBN 978 - 7 - 01 - 021173 - 2

I. ①变…　II. ①陈…　III. ①领导学 - 研究　IV. ① C933

中国版本图书馆 CIP 数据核字（2019）第 179251 号

变革领导力

BIANGE LINGDAOLI

陈纪稳　著

人民出版社 出版发行

（100706　北京市东城区隆福寺街 99 号）

北京盛通印刷股份有限公司印刷　新华书店经销

2019 年 10 月第 1 版　2019 年 10 月北京第 1 次印刷

开本：880 毫米 × 1230 毫米 1/32　印张：9

字数：168 千字

ISBN 978 - 7 - 01 - 021173 - 2　定价：50.00 元

邮购地址 100706　北京市东城区隆福寺街 99 号

人民东方图书销售中心　电话（010）65250042　65289539